U0660952

# 经管类专业劳动教育理论与实践

主 编 张言彩 孙 伟

副主编 杨 娟 何逢标

西安电子科技大学出版社

# 内 容 简 介

本教材分为两篇，第一篇介绍了新时代大学生需要掌握的劳动教育基础理论知识，第二篇结合经管类专业大学生综合素质培养，深入阐述了技能训练与劳动教育融合实践。本教材的特点是以学生为本，结合大学生劳动素养养成需求，依据"知信行"理论，从劳动教育的基本知识和基础理论入手，让学生理解认同劳动精神、工匠精神、劳模精神的实质内涵和意义要求，再结合学科教学特点，培养经管类大学生的劳动能力、劳动态度及劳动方法和技巧。

本书适合作为高等学校及高职高专院校相关专业的教材，也可供有兴趣的社会读者参考阅读。

**图书在版编目(CIP)数据**

经管类专业劳动教育理论与实践 / 张言彩，孙伟主编. --西安：西安电子科技大学出版社，2024.2

ISBN 978 − 7 − 5606 − 7171 − 0

Ⅰ.①经…　Ⅱ.①张…　②孙…　Ⅲ.①劳动教育—高等学校—教材　Ⅳ.①G40-015

中国国家版本馆 CIP 数据核字(2024)第 020761 号

策　　划　高　樱
责任编辑　高　樱
出版发行　西安电子科技大学出版社（西安市太白南路 2 号）
电　　话　(029)88202421　88201467　邮　　编　710071
网　　址　www.xduph.com　　　　　　电子邮箱　xdupfxb001@163.com
经　　销　新华书店
印刷单位　陕西天意印务有限责任公司
版　　次　2024 年 2 月第 1 版　2024 年 2 月第 1 次印刷
开　　本　787 毫米×960 毫米　1/16　印张　11.5
字　　数　223 千字
定　　价　33.00 元
ISBN 978 − 7 − 5606 − 7171 − 0 / G

**XDUP 7473001−1**

**＊＊＊ 如有印装问题可调换 ＊＊＊**

# 前　言

　　在中共中央、国务院颁发《关于全面加强新时代大中小学劳动教育的意见》(下称《意见》)之后，教育部就如何落实劳动教育出台了《大中小学劳动教育指导纲要(试行)》(下称《纲要》)，对各学段推进劳动教育落地，提出了切实可行的规定性、纲领性要求。时下，高校为什么要开展劳动教育，劳动教育教什么，不同学科专业怎么教等问题，成了教育界乃至全社会高度关注的话题。一项调研显示，当前高等院校劳动教育缺位现象严重，有劳动无教育的现象比较普遍；劳动教育的地位与其他"四育"无法比肩，必修课程依托专业课程空转；劳动教育的开展随意性较大，不少学校的劳动课程无计划、无大纲、无考核。可见，推动高等学校的劳动教育有效开展，让《意见》和《纲要》落到实处，在具体实施的过程中还有很多工作要做。特别是在高等教育的实践领域，不同学科专业的劳动教育如何开展，各高校仍在不断探索中。

## 一、高校劳动教育课程的教学

　　习近平总书记将德智体美劳"五育并举"作为党的教育方针，彰显了劳动教育在新时代中国特色高等教育人才培养过程中无可替代的作用和地位。因此，需要加强对马克思主义劳动理论的研究，以推动新时代劳动教育的研究，统筹规划各级各类院校的劳动教育；成立国家和省级"劳动课程教学指导委员会"，规范和指导劳动教育教学工作，推动劳动教育教学的理论和实践研究，开展劳动教育教学活动的咨询、评估、服务工作。

　　《意见》将"培养勤俭、奋斗、创新、奉献的劳动精神"视为劳动教育"总体目标"的一个重要组成部分，让学生通过劳动，体会劳动创造美好生活，体会劳动不分贵贱的内涵。劳动是人和动物的根本区别，是人类的"类"属性。劳动教育对于大学生来说，远不止于培养劳动习惯、提升劳动素养那么单薄，由此生发出的社会性发展、集体意识等才是未来社会生活中不可或缺的重要品格。劳动本身是具有社会性的，社会劳动是个体融入社会，感受集体力量的有效途径。大学生通过共同劳动，可以战胜"小我"，锤炼积极的人格，打造和谐的集体。

　　劳动是推动人类社会进步的根本力量，大学生正确的劳动观是他们走上职场、走进社会的教育保障。但是，目前在一些高校专业课程与劳动教育的有机融合中，既缺乏完善的教学形式让劳动足够"专业化"，也缺乏完善的教学制度去支撑专业的"劳动性"，劳动教育"表面化""形式化"的现象仍然不同程度存在。要改变这种状况，加强高校劳动教育，就要坚持专业引领，以"专业+"为路径。高校劳动教育实现"专业+"，既有利于强化大学生专业素养，培养大学生良好人格，增强大学生职业能力，也有助于提升高校专业建设与国家发展需求的吻合度，推动专业内涵建设，实现德智体美劳全面发展的目标。

**二、经管类专业＋劳动教育课程的实施思路**

高校劳动教育"专业+"，是专业教育实现育人目标的有效路径。高等专业教育肩负传授知识、培养能力、引导价值等使命。大学生在专业中学会劳动，在劳动中检验专业，学以致用、知行合一，才能更有效地理解、掌握和运用专业技能。经管类专业的学生只有经历过劳动，才能更深刻地理解原理验证过程，发现专业的社会价值。大学生在专业劳动中越有获得感，对劳动的偏见就越少，对马克思主义劳动观和中华传统勤劳美德的认识就会越深刻，对"躺平文化"就会越排斥。在专业中劳动，能让大学生在脑力劳动和体力劳动的有效配合中找到自我价值，从而更加珍惜劳动成果，尊重劳动人民，感悟劳动是成功的必经之路这一真谛。

高校劳动教育"专业+"，是专业建设实现迭代发展的有力保障。"人类是劳动创造的，社会是劳动创造的"，可以说没有劳动就没有高等教育，更没有学科与专业。随着高等教育的迅速普及，专业建设"曲高和寡"、人才培养无的放矢等现象并不鲜见。劳动教育注重结合学科和专业，创造性地解决实际问题，这是让专业建设接地气的重要机制。让学生在劳动中学习专业，专业建设质量可以得到有效的反馈和及时修正。同时，劳动还能激发创新。社会一旦有技术上的需要，这种需要就会比十所大学更能把科学推向前进。这种"需要"是专业建设"闭门造车"所无法获取的。让老师带领学生广泛地参与专业劳动，从中嗅探社会对新技术的期盼，在体力劳动和脑力劳动的同频高速运转中迸发出更多创意和灵感，可以更好地引领专业发展。高校推动劳动教育的"专业+"发展具有很强的价值逻辑契合性，要在这种价值契合中寻找两者融合发展的路径，就必须把握好专业教育和劳动教育的政治方向与实践属性。

把"专业＋劳动"融入课程思政，要明确发展方位。劳动是助力大学生全面发展最直接的因素，也是各专业课程思政建设中最具有普遍适用性的思政元素。为此，第一，要在大学生群体中全面树立科学的劳动观，通过全方位、立体式地宣传劳动最光荣、劳动最崇高、劳动最伟大、劳动最美丽理念，引导学生正确对待劳动，纠正对劳动的片面认识，并自觉参与到专业劳动教学中。第二，要弘扬中华传统勤劳美德，激励学生坚定信念、勇于挑战；要以劳动模范为榜样，培养学生肯吃苦、讲奉献、敢作为的实干精神；要以创新创业先进为典范，鼓励学生标新立异、独辟蹊径，做面向国际、面向现代化的接班人。第三，要剖析劳动过程，强调有劳有得、不劳无获；对劳动成果进行适当的鼓励，让学生在收获中提升劳动成就感，感悟、认同"劳动是财富的源泉，也是幸福的源泉"。

把"专业＋劳动"融入实习实践，要破除大学生纸上谈兵的问题，强化理论转化。实践基地是连接课堂专业教学和社会生产需求的桥梁，是实现劳动教育"专业+"最有效的场景之一。在基地中，大学生在生产的各个环节沉浸式劳动，体验专业的社会角色，并通过劳动成果获得专业认同感和社会责任感，从而更加自信地开展下一阶段的专业学习和劳动实践，实现良性循环。为此，要合理安排劳动实践教学任务，加强劳动教育的系统性、科学性，避免观光考察似的"走过场"，让学生在劳动中获得实用技能，进而认可专业；要设计多元化的劳动实践活动形式，加强劳动趣味性、实操性，减少机械、重复、低效率的劳动，让学生在劳动中找到乐趣，进而热爱专业；要完善劳动实践的评价机制，通过更加客观、全面的综合性评价，淡化结果导向，让学生在劳动中懂得劳动无贵贱，进而专注专业。同时，还要顺应发展态势，通过不断建立走在技术前沿的实践基地，创新培养模式，为劳动教育"专业+"构筑良好的保障体系。

把"专业＋劳动"融入地方服务，激发大学生的奋发向上之志，筑牢发展根基。高校的服务能力与政府需求、社会需求之间的矛盾一直存在。劳动教育所提倡的"组织学生走向社会""以校外锻炼为主"是处理这一矛盾的有效缓和剂。让学生走出校门去劳动，本身就是一种社会服务的"直接输出"，再加上高校在文化建设、科学研究等方面的技术加持，大学生也能在地方服务中发挥重要作用。为此，要转变理念，让社会服务实现全员参与，把过去只有教师担纲主演的"独角戏"变成师生共吟的"大合唱"；要有配套制度，让专业教师能放心地带领学生走出去，也要让学生能安心地在劳动中学本领；要培养情怀，激励学生追求崇高的理想信念。尤其是在经济欠发达地区，要争取为地方留下真正能作贡献的毕业生。

本教材立足立德树人的根本任务，遵循《意见》《纲要》的基本要求，体现新时代劳动教育的特征，通过设置活动、案例、主题和栏目，避免说教式的教学、纯学科化的教学倾向，深入浅出地阐述劳动教育的内容，使大学生在劳动认知、劳动情感、劳动意志和劳动行为这四个维度的发展水平上实现螺旋式上升，促进知行合一。

本教材分为两篇，第一篇主要介绍了劳动教育理论知识，第二篇主要阐述了技能训练与劳动实践融合。全书在内容上切合大学生劳动教育的实际，充分考虑社会需求、学生的专业差异和发展需要，坚持"共性+个性""理论+实践""知识+技能"的撰写原则，编排前后呼应，理论学习和实践体认相结合，注重劳动素养的综合训练和提升，注重与社会生活、职业生活、专业教育相联系，注重对大学生创新创造思维的培养。教材在横向上构建了包括劳动与劳动价值观、劳动情怀、劳动科学知识与能力、日常生活劳动、生产劳动、服务性劳动、劳动与美好生活等方面的劳动教育内容体系，在纵向上构建了涵盖劳动意识教育、劳动常识教育、劳动技能等方面的劳动教育内容体系。

本教材具体的编撰分工是：前言由何逢标编写，第 1～5 单元由杨娟编写，第 6～9单元由孙伟编写，第 10 单元和全书的补充阅读材料由何逢标编写。张言彩负责全书的统稿工作。

本教材的编写借鉴了许多国内外学者的研究成果，这里向众多学者和师友表示衷心的感谢！同时，也向关心和支持本书编写和出版的各界同仁表示诚挚的谢意。

编写组

2023 年 10 月

# 目 录

## 第一篇　新时代大学生劳动教育基础理论

## 第二篇　经管类专业大学生劳动教育实践

# 第一篇　新时代大学生劳动教育基础理论

　　本篇主要介绍了劳动及劳动教育的基本内涵，新时代中国特色社会主义劳动观以及职业精神教育，新时代大学生需要深刻领会的工匠精神和劳模精神，以及涉及劳动权益保护的法律规范。

# 第一单元

# 劳动和劳动教育概述

**【周恩来总理说劳动】**

要建设社会主义，"必须依靠体力劳动和脑力劳动的密切合作，依靠工人、农民、知识分子的兄弟联盟"。

——《周恩来选集》，人民出版社，1980 年版，第 161 页。

## 学习指南

本单元主要介绍劳动和劳动教育的基本概念和内涵，引导大学生通过建立科学的劳动观，弘扬艰苦奋斗的劳动精神，养成良好的劳动习惯，培养奉献敬业的劳动态度，促进个人的全面发展。

## 课程标准

| 考核标准点 | 具 体 内 容 |
|---|---|
| 知识 | 1. 深入理解劳动的概念，了解劳动与人类、社会发展的关系<br>2. 理解劳动教育的概念和意义，了解劳动教育的基本内涵<br>3. 了解劳动教育的历史渊源 |
| 技能 | 1. 能够列举树立正确劳动观的途径<br>2. 能够列举提升劳动素养的途径<br>3. 能够按照正确的劳动观开展学习和生活 |
| 态度 | 1. 端正对劳动的思想认识和劳动态度<br>2. 认同开展劳动教育的重要性<br>3. 具有崇尚劳动、尊重劳动的态度 |

## ➡ 导入案例

### 总书记这样礼赞劳动创造

"人类是劳动创造的，社会是劳动创造的。"

"人民创造历史，劳动开创未来。"

"人世间的一切幸福都需要靠辛勤的劳动来创造。"

"劳动模范是民族的精英、人民的楷模，是共和国的功臣。"

"劳动最光荣，劳动最崇高，劳动最伟大，劳动最美丽。"

"劳模精神、劳动精神、工匠精神是以爱国主义为核心的民族精神和以改革创新为核心的时代精神的生动体现，是鼓舞全党全国各族人民风雨无阻、勇敢前进的强大精神动力。"

……

"党的十八大以来，习近平总书记深情礼赞劳动创造，讴歌劳模精神、劳动精神、工匠精神，引领推动全社会弘扬劳动光荣、技能宝贵、创造伟大的时代风尚，凝聚起亿万劳动群众团结奋进的强大力量，创造了新时代中国特色社会主义的伟大成就，推动我国迈上全面建设社会主义现代化国家新征程。

汗水浇灌收获，实干笃定前行。迈步新征程，焕发出更为强烈的历史自觉和主动精神的中国人民，正紧紧依靠劳动创造扎实推进中国式现代化，努力用自己的双手创造更加美好的未来。"

## 第一节　认识劳动和劳动教育

## 一、劳动的概念

### （一）劳动的概念

劳动是人们改变劳动对象使之适合自己需要的有目的的活动，即劳动力的支出。劳动是人类社会生存和发展的基础，是人们在生产物质资料过程中付出劳动力，并能够对外输出劳动量或劳动价值的人类活动。劳动是人们在社会生活中维持自我生存和发展的唯一手段。按照传统的劳动分类理论，劳动可分为脑力劳动和体力劳动两大类。

## (二) 马克思主义的劳动观

马克思给劳动下了这样的定义，劳动力的使用就是劳动本身。劳动力的买者消费劳动力，就是叫劳动力的卖者劳动。他在《1844年经济学哲学手稿》中指出："正是在改造对象世界中，人才真正地证明自己是类存在物。这种生产是人的能动的类生活。通过这种生产，自然界才表现为他的作品和他的现实。因此，劳动的对象是人的类生活的对象化：人不仅像在意识中那样理智地复现自己，而且能动地、现实地复现自己，从而在他所创造的世界中直观自身。"正是劳动，彻底将人与猿区别开来。恩格斯在《劳动在从猿到人转变中的作用》中指出："其实，劳动和自然界一起才是一切财富的源泉，自然界为劳动提供材料，劳动把材料变为财富。但是劳动还远不止如此。它是整个人类生活的第一个基本条件，而且达到了这样的程度，以致我们在某种意义上不得不说：劳动创造了人本身。"所以，劳动是人类赖以生存、发展的决定力量。

## (三) 劳动与社会发展的关系

马克思在《德意志意识形态》中指出："我们首先应当确定一切人类生存的第一个前提，也就是一切历史的第一个前提，这个前提是：人们为了能够'创造历史'，必须能够生活。但是为了生活，首先就需要吃喝住穿以及其他一些东西。因此第一个历史活动就是生产满足这些需要的资料，即生产物质生活本身，而且，这是人们从几千年前直到今天单是为了能够生活就必须每日每时从事的历史活动，是一切历史的基本条件。"在马克思看来，劳动是"一切历史的基本条件"，有了人类的劳动，有了满足人类生存必需的前提，才产生了生活和历史。

由此，劳动是发生在人与自然界之间的活动。其实质是通过人的有意识的、有一定目的的自身活动来调整、控制自然界，使之发生物质变换，即改变自然物的形态或性质，为人类的生产生活和自己的需要服务。劳动创造人类，劳动创造世界，劳动创造未来。

# 二、劳动的内涵和外延

关于劳动的内涵，我国宪法明文规定"公民有劳动的权利和义务"。这就要求每一个有劳动能力的人，都要把劳动看成是自己的光荣职责，必须以国家主人翁的态度对待劳动。

劳动的外延是人类实践活动的一种特殊形式，多指创造物质财富和精神财富的活动。劳动还与劳动技术教育、通用技术教育等概念相关。不过，劳动技术教育强调的是技术的学习，与职业定向存在更密切的关联；通用技术教育则是开展基础技术教育的课程形式，通用技术是其教育重点。

我们所说的基础劳动，是人们在学习、生活、工作过程中，为创造一个良好的、舒心的环境，而进行的必要的且是最基本的劳动。比如：室内外环境卫生的清扫与维护，把各种物品科学合理地摆放整齐，一般绿化、植被的修剪与整理等，都是最简单、最基本、最基础的劳动，也是我们学会做人做事最根本的需要。

## 三、劳动教育概述

### (一) 劳动教育的概念

《辞海》(1999 年版缩印本，上海辞书出版社，2000)解释劳动教育是"对学生进行热爱劳动和劳动人民、珍惜劳动成果、树立正确的劳动观点和劳动态度、通过日常生活培养劳动习惯和技能的教育活动"。《教育大辞典》(增订合编本，上海教育出版社，1998)中写道："劳动教育是劳动、生产、技术和劳动素养方面的教育。"

### (二) 劳动教育的基本内涵和外延

劳动教育是以提升学生劳动素养的方式促进学生全面发展的教育活动。在内涵上，劳动教育是一种促进学生身心发展的综合性育人活动。在外延上，劳动教育的范畴涉及劳动价值观的形成、劳动技能的传授、劳动态度的培养、劳动情感的培育等方面。分析新时代高校劳动教育的外延，就是要在深刻理解习近平新时代中国特色社会主义思想，特别是关于劳动问题的重要论述的前提下，从新时代对劳动者在思想、心理、伦理、行为、能力等五个方面提出的新要求入手，系统设计由劳动价值观、劳动情感态度、劳动品德、劳动习惯、劳动知识与技能有机组成的劳动教育内容体系，全面提升新时代大学生的劳动素养。

## 四、劳动教育的目标及价值

### (一) 劳动教育的目标

劳动教育是新时代党对教育的新要求，是中国特色社会主义制度的重要内容，是全面发展教育体系的重要组成部分，是大中小学必须开展的教育活动。劳动教育是社会主义教育的重要特征，它以马克思主义"人的全面发展"学说为指导，为我们提供了坚实的理论基础。在社会主义教育中，劳动教育既是教育内容，也是教育目的，意在培养广大青少年的劳动本领，树立劳动光荣的价值观念，保持作为社会主义国家主人翁和建设者的光荣本色。从这个意义上说，劳动教育是培养社会主义建设者和接班人的重要途径。

劳动育人的目标是全面发展。在社会主义社会，劳动人民是主体，时代新人是劳动人民的重要来源和关键人群。社会主义高校要培养时代新人，必须兼顾人和社会的共同诉求，以多元化、高质量的劳动教育培养全面发展的人。具体目标包括：

一是树立正确的劳动观念。正确理解劳动是人类发展和社会进步的根本力量，认识劳动创造人，劳动创造价值、创造财富、创造美好生活的道理；尊重劳动，尊重普通劳动者；牢固树立劳动最光荣、劳动最崇高、劳动最伟大、劳动最美丽的思想观念。

二是具有必备的劳动能力。掌握基本的劳动知识和技能，正确使用常见劳动工具，增强体力、智力和创造力，具备完成一定劳动任务的设计、操作能力及团队合作能力。

三是培育积极的劳动精神。领会"幸福是奋斗出来的"内涵与意义，继承中华民族勤俭节约、敬业奉献的优良传统，弘扬开拓创新、砥砺奋进的时代精神。

四是养成良好的劳动习惯和品质。能够自觉自愿、认真负责、安全规范、坚持不懈地参与劳动，形成诚实守信、吃苦耐劳的品质，珍惜劳动成果，养成良好的生活消费习惯，杜绝浪费。

## (二) 劳动教育的价值

劳动教育的重要价值就是要帮助人们认识劳动的价值和意义，将劳动看作是一个完整的人全面实现人生价值的实践活动，并以高度的使命感将主体的建构与人的发展作为终极关怀，真正发挥引领社会的功能。

大学生肩负实现中华民族伟大复兴的中国梦的历史使命，新时代大学生劳动教育关涉中国特色社会主义教育体系的完善和形塑时代新人的未来指向。

### 1. 劳动教育奠基中国梦

马克思曾经指出："任何一个民族，如果停止劳动，不用说一年，就是几个星期，也要灭亡。这是每一个小孩子都知道的。"坚持劳动教育是对马克思主义劳动观的继承和发展，是植根于中国人内心的民族基因，劳动教育直接决定社会主义建设者和接班人的劳动价值，直接影响大学生的毕业取向、劳动精神风貌和劳动素养水平，助推中华民族伟大复兴中国梦的实现。

### 2. 劳动教育完善育人体系

新时代中国特色社会主义教育性质决定了培养有劳动素养的时代新人，是中国教育的价值旨归之一。劳动教育是中国特色社会主义教育制度的重要组成部分，也关系到高校培养什么人、如何培养人以及为谁培养人的根本问题。习近平总书记提出"培养德智体美劳全面发展的社会主义建设者和接班人"是对"培养什么人"所发出的时代动员令。加强大学生劳动教育就是要引导大学生充分认识劳动的价值，深刻理解劳动教育的内涵，培养热爱劳动、尊重劳动者、珍惜劳动成果的情感态度，塑造诚实劳动的优良品德，养成勤于劳动的自觉习惯，涵养创造劳动的青春气魄。有目的、有计划地组织大学生参加生产劳动和服务性劳动，有利于提高大学生就业择业、适应社会的能力，有利于形成更好水平的人才培养体系，有利于培养德智体美劳全面发展的新时代人才，从而加快推进教育现代化、建设教育强国。

### 3. 劳动教育打造时代新人

劳动教育的核心是劳动价值观教育，它直接影响着大学生走上就业岗位后的就业取向、社会责任。培育大学生的劳动精神，使他们始终保持锐意进取、奋发有为的精神状态。通过劳动教育增进大学生对"四最"的价值认知，厚植崇尚劳动，尊重劳动的情怀，养成辛勤、诚实、创新劳动的习惯，做"懂劳动、会劳动、爱劳动"的时代新人。只有成为知识型、技能型、创新型的高素质劳动者，才能担当起社会主义建设的重任。

### 4. 劳动教育是立德树人的重要途径

立德树人既是教育的根本任务，也是检验教育成效的根本标准。立德树人的目的在于培养德智体美劳全面发展、合格的社会主义建设者和可靠的接班人，劳动教育则是实现立德树人目标的一个重要过程和方面。

首先，劳动教育丰富了教育工作的内涵，促使学生端正劳动态度并树立正确的劳动观念，能够培养学生对劳动和劳动人民的思想感情，逐步养成热爱劳动、善于劳动和勤于劳动的素质。

其次，劳动教育和道德教育紧密联系，劳动教育也是加强德育的过程。因此，道德教育与劳动教育相结合也是德育的一种方法。我国历来注重劳动教育的重要作用和实际意义，将劳动视为形成良好道德品质的重要途径，"德之根在心，人之本在劳"，二者结合就是立德树人的根本。

"以劳动托起中国梦"是习近平总书记对于历史和现实的清晰判断，只有加强劳动教育才能培养出一大批勤于劳动和善于劳动的人才，才能符合新时代教育发展的根本要求，这也是实现个人梦想和国家梦想的一个重要选择。

在现实生活中，由于社会物质生活的丰富和传统家庭教育的方法失之偏颇，孩子应该做的事情都由家长包办了，致使一些孩子在家里连力所能及的事情都不肯去做、都没有做过，过着饭来张口、衣来伸手的"小太阳"生活。部分大学生连起码的洗衣、扫地、整理物品、料理个人的日常生活小事都不会做。因而，贯彻落实党的教育方针，把"劳"作为培养目标之一，是当前社会现实的需要，更是年轻一代实现中华民族伟大复兴的中国梦的需要。

## 第二节　树立正确的劳动观

### 一、劳动观概述

人们在劳动的过程中，总会形成对劳动的看法和认识，这就是劳动观。劳动观反映着劳动者对劳动的态度，决定着劳动者在劳动过程中的行为。

劳动观作为意识形态领域的内容，与人生观、世界观是一脉相承的。人生观、世界观虽然看不见、摸不着，但在工作或生活中都会有所表现，而这种表现的过程大都是劳动的过程。从这个意义上讲，人生观、世界观决定着劳动观，劳动观生动地反映着人生观、世界观。一个人只有树立了正确的劳动观，才能自觉强化"辛勤劳动最光荣"的意识，用双手和智慧去创造人生，实现自己的理想，并对他的人生观、世界观的形成起到积极的作用。

### 二、当代大学生如何树立正确的劳动观

#### 1. 以习近平总书记的劳动观为指引

树立什么样的劳动观念？习近平总书记为我们做出了最好的解答，并为当代大学生的学习指引方向。

2016 年 4 月 26 日，习近平在知识分子、劳动模范、青年代表座谈会上指出："人类是劳动创造的，社会是劳动创造的。劳动没有高低贵贱之分，任何一份职业都很光荣。"

2015 年 4 月 28 日，习近平在庆祝"五一"国际劳动节暨表彰全国劳动模范和先进工作者大会上指出："我们的根扎在劳动人民之中。在我们社会主义国家，一切劳动，无论是体力劳动还是脑力劳动，都值得尊重和鼓励；一切创造，无论是个人创造还是集体创造，也都值得尊重和鼓励。全社会都要贯彻尊重劳动、尊重知识、尊重人才、尊重创造的重大方针，全社会都要以辛勤劳动为荣、以好逸恶劳为耻，任何时候任何人都不能看不起普通劳动者，都不能贪图不劳而获的生活。"

2013 年 4 月 28 日，习近平来到全国总工会机关，同全国劳动模范代表座谈并发表重要讲话："必须牢固树立劳动最光荣、劳动最崇高、劳动最伟大、劳动最美丽的观念，让全体人民进一步焕发劳动热情、释放创造潜能，通过劳动创造更加美好的生活。"

#### 2. 树立正确的劳动观，还要充分认清劳动与财富之间的关系

劳动创造着财富，财富也体现着劳动的价值。有些大学生往往把劳动创造财富单纯地理解为创造物质财富，简单地把获取物质利益的多少看成是衡量劳动的唯一标准。这种思

想很容易扭曲劳动观，并可能陷入拜金主义的泥坑难以自拔。仅从劳动的定义就可以看出，劳动不但创造着有形的物质财富，也在创造着无形的精神财富。劳动在丰富物质生活的同时，也在塑造着劳动者的精神世界。正确的劳动观，是既重视物质财富的产出，又重视精神财富的产出，既重视物质上的回报，又重视精神上的满足。当前，虽然我们国家进入了小康社会，但是整体上还不富裕。这个时候我们决不能横攀竖比，更不能看到别人富裕了心里不平衡。树立正确的劳动观，就应该把国家利益和人民利益举过头顶，以集体利益为重，自觉强化奉献意识，用辛勤劳动书写报效祖国的忠诚。

**3. 树立正确的劳动观，就要善待自己劳动的岗位**

劳动的一个重要特性就是平等性，意思是说劳动虽然有分工、专业、条件和环境等者多方面的差别，但就劳动本身而言，是没有高低贵贱之别的。在实际工作中，我们的大学生对这个问题还存在这样或那样的模糊认识。比如，有的喜欢把劳动分为三六九等，愿意用条件和待遇来衡量和评判自己的岗位，条件艰苦些就向组织要待遇，对上级讲条件，甚至工作面前拈轻怕重，任务面前挑三拣四。要看到，今天在我们这个社会主义大家庭里，不管是从事体力劳动，还是从事脑力劳动，不管是从事简单工作，还是从事复杂工作，也不管是从事重要工作，还是从事一般性工作，都是在推动"四个全面"建设，其性质都是一样的，其地位都是平等的。只有理解了这一点，才能客观地看待自己劳动的岗位，树立"我是党的一块砖，哪里需要哪里搬"的意识，愉快地服从组织分配的任何工作，在本职岗位上建功立业，用辛勤劳动实现"我的梦"，进而助推中国梦的早日实现。

树立正确的劳动观，不是一时之功，而是经受了千锤百炼，战胜过各种诱惑，克服了各种困难，在长久的实践中积淀而成的。树立正确的劳动观，需要教育和引导，更重要的是需要自觉行动，从我做起，从现在做起。

# 第三节　新时代大学生劳动素养提升

## 一、劳动素养内涵

劳动素养是劳动者在劳动过程中与之相匹配的劳动心态和劳动技能的综合概括，是衡量劳动者能否完成某对应性工作的最根本、最直接的工作能力指标。

劳动者的劳动不是简单的机械制造或再造，而是有生命有理想的劳动者个体按劳动计划展开的创造性工作。劳动素养中的劳动心态包括对待工作的态度，帮助客户的心态，对客户心智的解读，对客户需求的认知等。劳动技能是在解决工作问题及矛盾的过程中，受劳动者支配和运用到的劳动工具及方法，并由此而产生并达到预定劳动结果的专业技能。这两者是相互结合并依存的，符合人的思想指导行动的逻辑。

## 二、新时代大学生的劳动素养构成

大学生劳动素养是其在家庭教育、学校教育和社会教育影响下，通过长期劳动教育形成的稳定修养，主要包含劳动知识、技能、成果及劳动价值观、劳动精神(品质)、劳动态度、劳动习惯等。大学生劳动知识与技能主要包括日常生活、生产劳动、服务性劳动知识，与劳动相关的法律法规、劳动风险防范等知识和技能。大学生劳动成果是在实践中获得满足生存发展需要的劳动能力和所获得的最终劳动结果。大学生劳动价值观是与社会道德准则紧密结合的，劳动最光荣、劳动最崇高、劳动最伟大、劳动最美丽。大学生劳动精神包括劳模精神和工匠精神，特质是勤劳勇敢、爱岗敬业、诚实守信、争创一流、艰苦奋斗、勇于创新、淡泊名利、甘于奉献、精益求精、严谨专注与追求卓越。大学生劳动态度是认知劳动不分贵贱，进而崇尚劳动、热爱劳动、尊重劳动者、主动劳动等。大学生劳动习惯是通过实践适应，逐渐养成的不易改变的劳动行为，并成为其生活方式，体现为热爱、自觉、主动劳动等习惯。

## 三、新时代大学生的劳动素养提升路径

### (一) 加强劳动思想教育

加强劳动思想教育，让"劳动最光荣、劳动最崇高、劳动最伟大、劳动最美丽"的观念内化于心、外化于行。大学生要加强马克思主义劳动理论的学习，深刻理解和领会马克思主义关于劳动创造人、劳动促进人的全面发展等观点，通过加强思想政治学习、专业学习，提高参加劳动实践、接受劳动锻炼的自觉性和主动性。

习近平总书记多次强调"劳动最光荣、劳动最崇高、劳动最伟大、劳动最美丽"，这是对新时代劳动价值观的明确定位。大学生要充分认识"人民创造历史，劳动开创未来。劳动是推动人类社会进步的根本力量"的真理性意义；真正明白"劳动是财富的源泉，也是幸福的源泉"的道理，在劳动创造中真切体会自己的理想同祖国的前途、劳动是推动人类社会进步的根本力量的真理性意义；真正明白"劳动是财富的源泉，也是幸福的源泉""把自己的人生同民族的命运紧密联系在一起，扎根人民，奉献国家"的幸福感；深刻理解按劳分配是实现社会正义的基本原则，全社会都要"以辛勤劳动为荣、以好逸恶劳为耻"，鄙视"不劳而获""少劳多获"的投机思想；正确认识新时代劳动的复杂性与多样性，由衷认同"劳动没有高低贵贱之分，任何一份职业都很光荣""一切劳动，无论是体力劳动还是脑力劳动，都值得尊重和鼓励"的道理，切实改变轻视体力劳动和体力劳动者的错误

心态；深入理解为什么"尊重劳动"为"四个尊重"之首。

### (二) 加强劳动品德修养

以科学家、大国工匠和劳动模范为榜样，加强劳动品德修养。劳动品德体现了劳动的伦理要求，它是指人们在劳动过程中所表现出来的对他人和社会的稳定的心理特征或倾向。辛勤劳动、诚实劳动、创造性劳动，是习近平总书记对新时代劳动的基本要求。辛勤劳动、诚实劳动和创造性劳动是统一的。辛勤劳动是诚实劳动、创造性劳动的前提和基础。

"一勤天下无难事""民生在勤，勤则不匮"，这些中国人自古秉承的劳动信念在新时代依然熠熠生辉。"坚持艰苦奋斗，不贪图安逸，不惧怕困难，不怨天尤人，依靠勤劳和汗水开辟人生的事业和前程"是新时代大学生需要发扬的美德。

大学生要深刻理解新时代的劳动者"不仅需要有力量，还要有智慧、有技术，能发明、会创新"的道理。大学生要以科学家、大国工匠和劳动模范为榜样，胸怀理想，脚踏实地，勤于学习，锐意进取，敢为先锋，勇于创造。

### (三) 加强劳动技能学习

加强劳动技能学习，用系统的科学知识为劳动素养的提升奠定坚实基础。劳动知识技能是个体从事一定劳动所必须具备的知识、技术、技巧以及综合运用这些知识、技术、技巧的能力，是大学生劳动素养全面提升的必备基础。大学生应通过专业课学习、实习实训、创新创业教育、专业实习、毕业实习等课程加强劳动技能学习，用系统的科学知识为提升劳动素养奠定坚实基础。

正如习近平总书记所强调的那样，"素质是立身之基，技能是立业之本。广大劳动群众要勤于学习，学文化、学科学、学技能、学各方面知识，不断提高综合素质，练就过硬本领"。应该说，大学各专业知识的学习本身就是一种劳动知识学习，大学生的专业实习、毕业实习也都是明确被列入教学计划的劳动技能训练，这正是大学劳动教育区别于中小学的重要一维，必须抓紧抓好，为建设宏大的知识型、技术型、创新型劳动者大军奠定基础。除了各门专业课程中的劳动知识技能教育，大学生还应结合未来的劳动、工作、职业发展需要，加强劳动人权、劳动伦理、劳动关系、劳动条件、社会保障、职工福利、职业安全与卫生、劳动法与社会保障法等知识与技能的学习。

### (四) 加强劳动实践锻炼

加强劳动实践锻炼，养成良好的劳动习惯，要让真抓实干、埋头苦干成为基本的生活方式。劳动习惯是个体在长期劳动实践训练中形成的稳定的行为模式。新时代互联网的飞速发展、数字经济的到来、人工智能的崛起，在带给人类生活极大便利的同时，也在无形中滋长了年轻一代企图不劳而获、渴望一夜暴富、追求一夜成名的不良心理。大学生要在实践中体会劳动素养提升与自身健康成长和全面发展的内在联系，积极参加家庭劳动、学校组织的劳动教育和劳动锻炼，并积极寻找社会实践、公益劳动、勤工助学、校外实习、假期打工等劳动机会，在劳动过程中训练劳动技能，形成热爱劳动的良好品德，锻炼吃苦耐劳的意志品质，全面提高劳动素养。

习近平总书记一直强调"空谈误国，实干兴邦"，倡导"在全社会大力弘扬真抓实干、埋头苦干的良好风尚"，强调"幸福不会从天而降，梦想不会自动成真""人世间的美好梦想，只有通过诚实劳动才能实现；发展中的各种难题，只有通过诚实劳动才能破解；生命里的一切辉煌，只有通过诚实劳动才能铸就"，实现我们的奋斗目标，开创我们的美好未来，"必须依靠辛勤劳动、诚实劳动、创造性劳动"，这些论述正是对前述种种不良现象的有力纠偏。

2018 年 5 月 2 日，在与北京大学师生座谈会上，习近平总书记更是谆谆教诲广大青年"要力行，知行合一，做实干家""不论学习还是工作，都要面向实际、深入实践，实践出真知；都要严谨务实，一分耕耘一分收获，苦干实干"。新时代高校劳动教育要回到全面的本原的劳动观上，把劳动看成人类创造世界、改造世界的一切实践活动，是劳动、工作、做事、干事、奋斗的统称，让"真抓实干、埋头苦干"成为新时代大学生学习、工作、做人、做事的基本行为方式。

## 四、大学生劳动素养评价及评价原则

劳动素养评价是通过一系列手段对大学生在劳动教育实施中的优缺点和价值观念进行判断的过程。评价应能判断劳动教育提升大学生劳动素养的养成程度、大学生在劳动实践中完成任务的程度及接受劳动教育后生成劳动成果的质量；应能激发全社会深刻认识提高大学生劳动素养的重要意义，激发各单位、机构的责任意识并支持、参与劳动教育，从而提高劳动教育质量；应能促进大学生自我教育、自我管理、自我监督、自我反思，从而使大学生发挥主观能动性，形成良好的劳动精神和劳动价值观。

大学生劳动素养评价是双向性多元评价，评价应既能体现出大学生接受劳动教育所获得的成效、取得的成果，又能体现出劳动教育实施方所付出的努力。评价原则是评价主体多元化、评价标准多元化、评价方法科学化、过程评价与结果评价相整合、评价体现综合性。评价主体多元化是指评价主体以大学生为主，还包括高校、教师和同学，同时涉及相关企事业单位、农场、社区、街道、公益组织等多元主体。评价标准多元化涉及素质标准，也有职责标准和效果标准，前者是完成劳动任务所应具备的条件，后者是完成劳动任务中应承担的职责、任务及最后取得的效果。评价方法科学化主要是指劳动素养中知识、技能、成果容易量化并以数据形式体现，而劳动价值观、劳动精神和劳动习惯等意会内容需要通过评价者与评价对象交流互动来确定，即应使用定量评价和定性评价相结合的方法。过程评价与结果评价的整合强调评价目的是促进人的全面发展，改变完全结果导向评价的片面性弊端。评价体现综合性是指确保劳动教育能够实现"五育并举"，提升大学生的综合素质。

大学生劳动素养评价可采用日常表现评价和学段综合评价相结合的方式。一方面，利用评价手册、劳动日志、劳动成长档案手册等工具进行记录和评价，获得量化数据，使评价结果更客观、更科学；另一方面，在高校建立全学段的劳动素养评价体系，有机衔接各学段目标和内容，建立劳动任务清单。评价操作过程中应注意：一是将教师的劳动素养评价纳入绩效考评体系中，发挥教师示范作用；二是鼓励各单位、机构将职工劳动素养纳入绩效考评体系中，激发全社会热爱劳动、诚实劳动的文化氛围，形成良好的劳动文化环境，传承和发扬劳动文化；三是推进劳动素养评价大数据平台建设，利用人工智能和虚拟仿真等技术，建立劳动素养情景化评价模式。

## 活 动 与 训 练

活动主题：认识劳动教育的现实意义和社会价值

活动形式：调查研究、汇报

活动要求：

1. 学生按照 5～7 人成立劳动教育学习小组，以小组为单位参加此次活动。

2. 各小组自行设计活动方案，撰写活动策划书和学习提纲。

3. 小组内成员自由分工，但每位成员的劳动付出均要有所体现。

4. 每个小组须选择一位全国劳动模范或先进工作者等，搜集相关资料，对其典型事迹进行记录、整理并进行汇报展示，汇报具体形式自选。

5. 每位同学反思劳动经历和收获，以小组为单位在课堂上汇报、分享、交流活动过程和心得体会。

6. 汇报结束后，每位同学将劳动心得以小组为单位把实践成果上交给指导教师或上传至网络教学平台。

## 课 后 反 思

1. 习近平总书记在讲话中提出"劳动最光荣、劳动最崇高、劳动最伟大、劳动最美丽"，请结合自身专业，谈谈你对这句话的理解。

2. 你认为随着人工智能时代的来临，劳动素养是不是还有必要继续提高？

3. "中国制造2025"吹响了中国建设"制造强国"的号角，作为当代大学生，你认为该如何提高劳动能力？

## 补充阅读材料

### 新中国劳动教育的历史发展

我们党和国家历来十分重视教育方针的制定与完善，根据社会发展变化情况，及时充实完善与时俱进的教育方针内容。

1952年3月，中央人民政府教育部颁发的《中学暂行规程(草案)》和《小学暂行规程(草案)》提出："应对学生实施智育、德育、体育、美育等全面发展的教育。"

1956年，国家基本上完成了对农业、手工业、资本主义工商业的社会主义改造。1957年2月，毛泽东在《关于正确处理人民内部矛盾的问题》的报告中指出："我们的教育方针，应该使受教育者在德育、智育、体育几方面都得到发展，成为有社会主义觉悟的有文化的劳动者。"

1958年9月，中共中央、国务院《关于教育工作的指示》中提到："党的教育工作方针，是教育为无产阶级的政治服务，教育与生产劳动相结合；为了实现这个方针，教育工作必须由党来领导。""共产主义社会的全面发展的新人，就是既有政治觉悟又有文化的，既能从事脑力劳动又能从事体力劳动的人。"

1978年4月22日，邓小平在全国教育工作会议上提出："培养人才有没有质量标准呢？有的。这就是毛泽东同志说的，应该使受教育者在德育、智育、体育几方面都得到发展，成为有社会主义觉悟的有文化的劳动者。""我们要掌握和发展现代科学文化知识和各行各业的新技术新工艺，要创造比资本主义更高的劳动生产率，把我国建设成为现代化的社会主义强国，并且在上层建筑领域最终战胜资产阶级的影响，就必须培养具有高度科学文化水平的劳动者，必须造就宏大的又红又专的工人阶级知识分子队伍。这些要求本身就是无产阶级政治的要求。"

1981年6月，中共十一届六中全会通过的《关于建国以来党的若干历史问题的决议》指出："努力提高教育科学文化在现代化建设中的地位和作用，明确肯定知识分子同工人、农民一样是社会主义事业的依靠力量，没有文化和知识分子是不可能建设社会主义的。要在全党大大加强对马克思主义理论的研究，对中外历史和现状的研究，对各门社会科学和自然科学的研究。要加强和改善思想政治工作，用马克思主义世界观和共产主义道德教育人民和青年，坚持德智体全面发展、又红又专、知识分子与工人农民相结合、脑力劳动与体力劳动相结合的教育方针，抵制腐朽的资产阶级思想和封建残余思想的影响，克服小资产阶级思想的影响，发扬祖国利益高于一切的爱国主义精神和为现代化建设贡献一切的艰苦创业精神。"这是党对社会主义革命和建设时期的教育方针做的一次比较具体的综合论述。

1990年12月，《中共中央关于制定国民经济和社会发展十年规划和"八五"计划的建议》中提出："继续贯彻教育必须为社会主义现代化建设服务，必须与生产劳动相结合，培养德、智、体全面发展的建设者和接班人的方针。"1993年2月，这个教育方针被写进了《中国教育改革和发展纲要》中。

1995年3月，《中华人民共和国教育法》颁布，其中，第五条所表述的教育方针为："教育必须为社会主义现代化建设服务、为人民服务，必须与生产劳动和社会实践相结合，培养德、智、体、美等方面全面发展的社会主义建设者和接班人。"

2002年11月，党的十六大报告进一步明确了新时期党和国家的教育方针："坚持教育为社会主义现代化建设服务，为人民服务，与生产劳动和社会实践相结合，培养德智体美全面发展的社会主义建设者和接班人。"

2007年10月，党的十七大报告提出党的教育方针："坚持育人为本、德育为先，实施素质教育，提高教育现代化水平，培养德智体美全面发展的社会主义建设者和接班人，办好人民满意的教育。"

2012年11月，党的十八大报告提出党的教育方针："坚持教育为社会主义现代化建设服务、为人民服务，把立德树人作为教育的根本任务，全面实施素质教育，深化教育领域综合改革，着力提高教育质量，培养学生社会责任感、创新精神、实践能力。"

2017年10月，习近平总书记在党的十九大报告中指出，建设知识型、技能型、创新型劳动者大军，弘扬劳模精神和工匠精神，营造劳动光荣的社会风尚和精益求精的敬业风气。要办好人民满意的教育，全面贯彻党的教育方针，落实立德树人根本任务，培养德智体美劳全面发展的社会主义建设者和接班人，加快建设高质量教育体系。

2022年10月，习近平总书记在中国共产党第二十次全国代表大会上作了题为《高举中国特色社会主义伟大旗帜　为全面建设社会主义现代化国家而团结奋斗》的报告，在"实施科教兴国战略，强化现代化建设人才支撑"部分，党中央构建了德智体美劳全面培养的教育体系，形成更高水平人才培养体系的坚定决心与系统谋划，是新时代全面推进劳动教育的根本遵循和行动指南。习总书记再一次指出，"伟大事业是拼出来、干出来、奋斗出来的""在全社会弘扬劳动精神、奋斗精神、奉献精神、创造精神、勤俭节约精神"。这些重要论述为我们扎实开展新时代劳动教育指明了方向。

新时代以来，劳动教育良好生态正在稳步构建，高校劳动教育蓬勃开展，融会贯通、高质量高水平的劳动教育体系逐步形成。站在向第二个百年奋斗目标进军的关键时刻，我们要坚持以推动高质量发展为主题，把实施劳动教育摆到加快建设高质量教育体系大局中，全面提升劳动教育质量和水平，努力创建中国特色劳动教育新格局。

# 第二单元

# 劳动教育的构成

【周恩来总理说劳动】

"无产阶级品质之所以可贵，就是依靠自己的劳动，靠劳动的成果"

——《建国以来周恩来文稿》第 2 册，中央文献出版社，2008 年版，第 249 页。

## 学习指南

本单元主要介绍生产劳动、生活劳动及服务型劳动的内涵及意义，有助于大学生理解劳动教育的内容、意义及途径。

## 课程标准

| 考核标准点 | 具 体 内 容 |
|---|---|
| 知识 | 1. 了解生产劳动的内涵<br>2. 了解生活劳动的内涵<br>3. 了解服务型劳动的内涵 |
| 技能 | 1. 理解劳动教育的内涵及意义<br>2. 初步掌握劳动教育的实施路径 |
| 态度 | 1. 有利于培养大学生的劳动观念<br>2. 有利于大学生养成良好的道德素质<br>3. 有利于大学生人文知识的内化 |

## ➡ 导入案例

### 培养有公益人格的年轻人

作为全国唯一一所在本科阶段系统嵌入公益慈善教育的"双一流"高校、上海市首家系统培育公益人才的高校，华东师范大学与上海紫江公益基金会合作开展的慈善通识教育课程体系，运作已有几个年头了。在高校慈善教育发展较为缓慢的背景下，这个项目是否取得显著效果？在慈善教育方面有哪些探索和思考？

日前在沪举办的第四届华东师范大学紫江公益慈善教育论坛透露，3年来，该项目共开设公益慈善通识课程27门，共计学分50多分，吸引了1000余名校内外师生及公益慈善行业从业人员修读。

"我们已经初步探索形成了以'知行合一'为核心的系统培养模式，包括形成了纵深、有序的课程体系设置，组建了多方位、多学科背景的师资队伍，推动促进公益慈善理论知识与服务实践的有效融合"，华东师范大学紫江公益慈善教育中心主任黄晨熹介绍。

所谓"知行合一"，"知"就是课程以及交流平台的搭建；"行"就是让学生不仅接受课堂教育，还要参加暑期研学等实践性课程。同时，项目还邀请国内外优秀学者和教师为整个项目提供支持，优化师资。

黄晨熹介绍，经过探索，紫江公益通识教育课程体系形成了3类课程：一是基础课程，以重塑公益慈善认知为目的，集中传递公益慈善基础知识及伦理原则；二是应用性课程，以非营利组织管理内容为基础，侧重对公益慈善项目的开发、管理、运营、营销等一系列能力的锻炼与提升；三是前沿性课程，聚焦于公益慈善前沿理念，强调关注公益慈善行业发展的未来走向。

几年来，课程取得什么样的效果？对学生的初步调查显示，在公益慈善素养方面，修读过公益慈善课程的学生，得分高于未修读学生；修读过课程的大学生，对当前公益慈善政策与法律的了解程度高于未修读学生；修读过课程的学生从事公益慈善行业的意愿更高；修读过课程的学生公益慈善行动能力更强。此外，学生对课程的反馈良好，还有不少人建议将其纳入公选课和必修课程。

"我们希望培养大学生的公益心和社会责任感，培养'公益的种子'。"黄晨熹说。上海民政局原党组书记、局长马伊里持相似观点，她认为，公益教育不仅要为公益机构培养从业人员，还要培养更多具有公益人格的年轻人。

马伊里表示，所谓"公益人格"，包含利他、非功利、开放分享、积极参与等基本特征。"对于身边的公益人，我们要倍加敬重、爱护和支持。帮助他们去做有意义、进步的事。"图2-1所示的是某所高校在疫情防控期间，为强化党员意识，坚定理想信念，牢记宗旨使命，发挥大学生党员的先锋模范作用举行的"党员亮身份，抗疫我先行"学生志愿者行动。

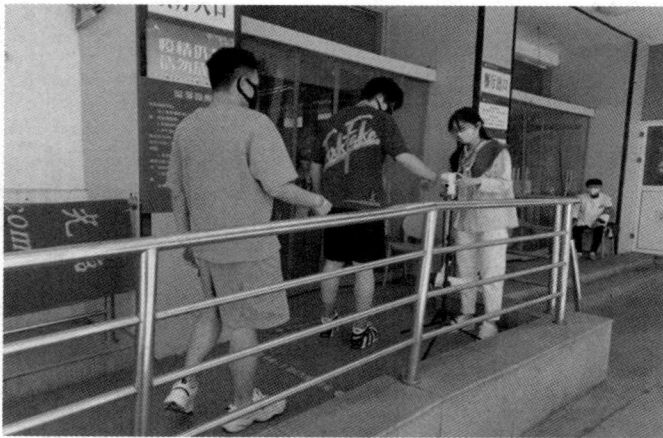

图 2-1　某校"党员亮身份，抗疫我先行"学生志愿者行动

# 第一节　生产劳动

劳动教育的内容主要包括日常生活劳动、生产劳动和服务型劳动中的知识、技能与价值观等。日常生活劳动、生产劳动和服务型劳动等三种劳动形态的安排，为劳动教育的实施提供了多元化路径。

## 一、生产劳动的概念

生产劳动一般指的是人类在自然环境中以各种方式进行的活动，使自然资源由原来的未加工状态转变为可直接满足人类要求的有价值状态。

在不同的历史时期，生产劳动的价值也不一样。在自然经济社会，生产劳动是制造和使用价值的劳动；在简单的商品经济社会，生产劳动是生产商品的劳动；在发达的商品经济社会，生产劳动是使价值增值和满足社会成员各种需求的劳动。

马克思在《资本论》第二卷的开头和《剩余价值论》中对生产劳动的定义十分明确，而他对非生产劳动的概念则定义为不是生产性的雇佣劳动。生产劳动是资本在生产过程中雇佣为生产剩余价值的劳动。因此，生产劳动只涉及工人在其中被组织起来的那种关系，而不涉及生产过程的性质也不涉及产品的性质。歌剧演员、教师和油漆房屋的人完全像汽车司机和矿工一样，也可被资本家雇来从事智力劳动而获益。这就是决定他们是从事生产劳动还是非生产劳动的标准。

生产劳动即创造财富和价值的活劳动。迄今为止的价值创造及其运行均是以商品生产为中心的，本质上都是在劳动过程中全面提供技术条件和物质关系的基础上，建立了劳动过程和社会生产过程的直接联系，促进劳动和生产的社会结合。总之，商品生产劳动具有二重性。

对生产劳动进行分析，不仅有益于对现代资本主义的认识，也有益于对社会主义经济体制改革理论和市场经济实践的探索。进而澄清这样一个事实：马克思主义经济学中关于生产劳动的理论并不过时，马克思关于生产劳动的概念是包含我们今天所说的精神领域的劳动的，而马克思的生产劳动概念也正是对剩余价值学说的一个抽象。并且，这一概念也被我们今天所谈及的文化经济、知识经济的发展所证实，它是一个科学的概念。因此，人们应该正视马克思的生产劳动理论，正是基于这样一个事实，我们应该在马克思生产劳动理论的本义基础上，继续前进。这对于我们正确理解当今服务型产业理论以及实践部门进行产业划分、宏观调控和构建科学的国民经济核算体系都有着十分重要的理论指导意义。

## 二、生产劳动的特点

生产劳动具有对象明确、方式多样、目的明确、组织灵活、分工细致和报酬合理等基本特征。这些特征既反映了生产劳动作为人类社会发展基础的重要性，也为我们认识和改进生产劳动提供了重要思路和方法。

首先，生产劳动的对象是自然界中存在并具有使用价值的物质。这些物质包括各种原材料、能源、设备等，也包括人们所需要的各种产品和服务。在进行生产劳动时，人们必须根据不同的需要选择不同的物质作为劳动对象，并通过加工、改造等方式来创造出新的价值。

其次，生产劳动可以分为手工劳动和机械化劳动两种方式。手工劳动是指依靠人们自身体力和技能来完成各种加工、制造等任务。在手工劳动中，人们需要通过不断地锤炼自己的技能和经验来提高效率，并且需要付出更多的时间和精力来完成同样的任务。机械化劳动是指通过各种机器设备来完成生产过程中的各个环节。在机械化劳动中，人们可以利用各种高科技设备来提高生产效率和质量，并且可以节省更多的时间和精力。但是，机械化劳动也需要人们具有一定的技能和知识，才能更好地操作和维护这些设备。

再次，生产劳动的目的是创造价值并满足社会需求。在进行生产劳动时，人们需要根据市场需求和自身能力选择不同的产品和服务进行生产，并且需要不断地提高产品质量、降低成本，以保持竞争优势。生产劳动可以采取不同的组织形式，包括个体经营、合作社、集体企业等。在个体经营中，个人独立承担全部经营风险和责任；在合作社中，多个人共同出资合作经营；在集体企业中，则由全体成员共同管理和分配收益。生产劳动的分工是指将一个复杂的生产过程分解为若干个简单的部分，由不同的人来完成。在分工过程中，每个人可以专注于自己擅长的领域，从而提高效率和质量。但是，分工也会导致劳动过程的单调化和机械化，并且可能导致劳动者之间的失衡和不公。

最后，生产劳动需要付出一定的代价，包括时间、精力、物质等。因此，劳动者应该获得相应的报酬来体现其付出的价值。在市场经济中，劳动者可以通过出售产品或提供服务来获得收入；在社会主义经济中，则通过工资制度等方式来保障劳动者的权益。

# 第二节  生 活 劳 动

## 一、生活劳动的概念

生活劳动是指可以直接满足生活需求的劳动，生活劳动是在具备生活条件的基础上对生活条件再做改造，并直接服务于人的劳动。生活劳动是按照相关社会组织规定，在不同社会阶层中以不同形式实行的社会工作。这种工作主要有两种：非物质性劳动和物质性劳动。

非物质性劳动是指在社会生产和社会保护等活动中，利用人力和脑力发挥作用，不涉及加工材料制作物品，也不产生物质表现，而是控制和管理社会活动，具有智力性特征的劳动。它可以包括管理人员的工作，比如行政机构中的工作，以及各行业中的劳动者，比如会计、律师、教师、科学家等。

物质性劳动是指利用人力和机械操作资源，将有形且可见的物质加工制作出有实用价值的物品的工作，比如机械制造、制鞋和织布等。这种劳动不仅涉及机械操作，而且还需要劳动者利用脑力，做出精确可靠的操作，以及设计出能够适应不同情况的工作程序。

生活劳动也属于一种服务型劳动，主要指提供人们日常生活或社会活动所需的服务，比如科学发明、医疗服务、营养膳食、住房服务等。它不仅指对物质的加工，更重要的是还提供人们生活所需的服务，以及引导和解决社会所遇到的问题。

## 二、树立正确的生活劳动观念

### (一) 人人都应具备日常生活劳动能力

生活劳动能力即自我服务能力，即使是将来并不从事制造工作的现代人也应具备基本的生活劳动能力。现代社会需要的公民是善于动手，并善于将动脑与动手结合起来的人。因此，可以说在信息化时代，对人们生活劳动能力的要求不仅没有削弱，反而在加强。劳动创造了人，不仅是历史事实，更会在人类个体的成长过程和变迁过程中得到不同程度的再现。

## (二) 日常生活劳动是获得人生圆满不可或缺的基本能力

在这个飞速发展的时代，虽然劳动的方式、工具、空间、环境在发生非同寻常的变化，内涵被前所未有地拓展，但劳动之美不会变，劳动的幸福不会变，日常生活劳动更是获得人生圆满不可或缺的基本能力。

中华民族从古至今都弘扬劳动精神，古诗中"十亩之间兮，桑者闲闲兮""童孙未解供耕织，也傍桑阴学种瓜""乡村四月闲人少，才了蚕桑又插田""谁知盘中餐，粒粒皆辛苦""稻花香里说丰年，听取蛙声一片"，都是描写中华民族对劳动之情、劳动之爱、劳动之景、劳动成果、劳动之美的珍视和礼赞。俗话说，一勤天下无难事。劳动，是文明的源头，也是进步的因子。劳动，缔造了社会，也书写了历史，并可以改变世界。对个体来讲，勤劳是一种积极向上的良好品质，是获得健康、实现梦想的必备条件；对于家庭来说，勤劳是一种良好的家风，可以使家庭的氛围融洽，可以获取幸福。对于社会和国家来说，勤劳是一种文化软实力，可以激发创造力。

## (三) 努力提升生活劳动素质

生活劳动的作用和意义是无可替代的。它不仅能满足人们的物质需求，而且还能提供舒适的生活环境和丰富的文化生活；它不仅能帮助人们生活得更好，更重要的是能够满足社会发展对不断提高人民生活水平的需要。因此，要有效提高生活劳动的效率，有必要建立一个全面的、有效的劳动制度，改善劳动条件，保护劳动者的权利，促进劳动力市场的健康发展。同时，为了增加生活劳动的报酬，社会应重视对劳动力的培养，改善劳动者的素质，积极提高劳动者的技能，拓展劳动者的就业门路，以保证劳动者的稳定就业和较高的收入水平。对于大学生而言，努力提升生活劳动素质可以从以下几个方面进行。

### 1. 参与家庭劳动

大学生应经常参与制作食物、打扫卫生、清洗衣服、美化家庭和寝室环境、修补衣服、修理家具等家庭劳动。在当今的社会中，身体素质的好坏和劳动意识的强弱，将是一个人能否取得成功的关键。如果不参与家庭劳动，养成"衣来伸手，饭来张口"、过分依赖父母的不良习惯，就会对自身的成长和发展带来不利的影响。

良好的劳动习惯和劳动品质，往往是从家庭日常生活劳动开始的。中国是一个文明古国，几千年来，劳动人民用自己的双手创造物质财富，振兴民族精神，让中华民族以更加昂扬的姿态屹立于世界民族之林，并走向世界舞台的中央。我们只有坚持和发扬这一光荣传统，切实加强家庭日常生活劳动素质的提升，才能成为有较高文化素养和劳动技能的劳动者。

### 2. 参与社会劳动

参与社会劳动，如打扫卫生、绿化环境、整理设备、修理器具等工作，是提升日常生活劳动素质的重要途径。作为大学生必须具备从课堂和书本中无法获取的社会劳动知识技能，要能理论联系实际，通过参与社会劳动，加深对社会的了解，从而提高劳动技能，增长自身的才干。

### 3. 参与学校劳动

在校园中提升日常生活劳动素养的途径有：认真学习劳动教育课程，参加学校劳动活动，如打扫卫生、美化校园环境、参与食物制作等，如图 2-2 所示。大学生在学校中，应通过参与校园劳动培养主人翁意识，践行勤奋和实干的良好习惯。通过参与校园劳动，养成科学作息，增强自身的行动力和执行力。同时，在参与校园劳动的过程中，也可体验多种劳动者的不易，例如体验学校保卫、清洁、图书馆工作人员等的工作，也有利于大学生自觉养成文明的好习惯，减少乱扔垃圾、乱贴乱画等不文明的行为。

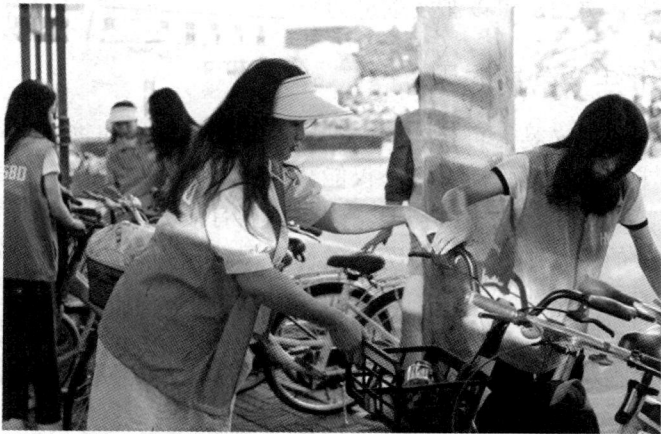

图 2-2　某学校"580"志愿者将校内共享单车整齐有序地摆放

# 第三节　服务型劳动

## 一、服务型劳动概述

服务型劳动的发展是社会生产力发展而引起的人类自身需求扩大的必然结果。马克思主义的劳动和劳动价值理论揭示：劳动作为使用价值的创造者及人与自然的物质变换过程，是不以一切社会形式为转移的人类生存条件，是人类生活得以实现的永恒的自然必然性。

但在人类文明发展的初、中期，受主客观条件的限制，人与自然物质变换的结晶主要限于有形的物质产品，最初是农牧产品和手工工具，后来是更为丰富的消费资料和性能先进的生产资料。而现代文明的发展要求：一方面，人类不再进一步加强分工协作、提高自身素质就无法提升物质变换的能力；另一方面，人的消费需求扩大，要求"在最无愧于和最适合于他们的人类本性的条件下来进行这种物质变换"。劳动就不再只限于物质产品生产，而且还包括以生产、生活、提高人们科技文化素质服务为主要内容的服务型劳动。并且，劳动社会化、商品化和市场化的发展，必然使众多服务型劳动从原来的物质生产部门中独立出来并实现产业化。例如：马克思关于劳动和劳动价值理论中的劳动，主要是指与商品生产和市场经济运行有关的劳动，而将家务劳动、自给自足和自我服务的劳动排除在外。而在当代生活消费中，很多个人和家庭事务的劳动已社会化，并形成了社会性产业。一方面，这些劳动变为有偿性服务，成为一种商业化行为；另一方面，由于这些劳动的产业化和商业化，又形成了市场供求关系，产生了竞争和价格机制，实现了劳动的市场化配置。目前产生的家政服务、代理服务和中介服务等，就是个人和家庭劳动社会化、商业化和市场化的结果。这些服务型劳动行业的产生扩大了创造社会财富和价值的社会劳动的范围。

根据《国务院关于印发服务业发展"十二五"规划的通知》(国发〔2012〕62号，简称《规划》)和《国务院办公厅关于加快发展生活性服务业促进消费结构升级的指导意见》(国发〔2015〕85号，简称《指导意见》) 要求，生活性服务业是指满足居民最终消费需求的服务活动。分类范围包括十二个领域：居民和家庭服务，健康服务，养老服务，旅游游览和娱乐服务，体育服务，文化服务，居民零售和互联网销售服务，居民出行服务，住宿餐饮服务，教育培训服务，居民住房服务，其他生活性服务。

服务型劳动的发展是广大人民群众消费结构优化的重要保证，其体现在：第一，人们消费结构得以不断优化的物质保证是社会生产的不断发展，而社会生产越发展，就越要发展劳务消费。众所周知，在现代经济发展中，科技对经济的贡献所占的比例越来越高，发达国家如美国、日本、德国，其科技在经济中的贡献率达60%以上。随着科技在国民经济发展中作用的增强，它对劳动力质量的要求也越来越高，因而要求迅速提高劳动者的科学文化水平，要求发展科学文化教育卫生事业，增加劳务消费，提高劳务消费的比重，劳务消费的满足则有待于服务型劳动的发展；第二，家务劳动的社会化可以减轻人们的家务负担，增加自由支配的时间，为人们提高科学文化水平，提高综合素质，促进身心全面发展创造条件。服务型劳动的发展还包括公共消费服务的发展。所谓公共消费服务，是指由社会公共消费机构投资，社会有关开发和管理部门兴办的直接以社会服务形式满足人们物质和文化需要的消费服务，如商业和饮食业，运输和邮电通信，市政建设和住宅建设，文化、体育、娱乐设施的建设，旅游，金融和保险，科学教育事业，科技和法律咨询，市场信息服务，医疗保健，广播电视和新闻出版，博物馆和图书馆等。消费社会化，必然促进众多服务型劳动部门的发展和服务型劳动的增加，人们消费结构的优化要求大力发展提供劳务产品的服务型劳动的发展。

## 二、服务型劳动的特点

服务型劳动教育让学生利用知识、技能等为他人和社会提供服务，在服务型岗位上见习、实习，树立服务意识、实践服务技能，在公益劳动、志愿服务中强化社会责任感。图2-3 是某校"580"志愿者春运"暖冬行动"志愿服务现场。

图 2-3 　某校"580"志愿者春运"暖冬行动"志愿服务现场

物质生产劳动是人与自然之间的一种物质变换过程。相对物质生产劳动而言，服务型劳动不是人与自然之间的一种物质变换过程，而是通过有偿提供服务来满足人们某种需要的一种活动。它作为当代社会劳动的重要组成部分，其主要特征有：

第一，服务型劳动主要不是体现于物，而是直接作用于人的活动。正如马克思所说："一般说来，服务也不外是这样一个用语，用以表示劳动所提供的特别使用价值，和每个其他商品都提供自己的特别使用价值一样，但它成了劳动的特别使用价值的特有名称，因为它不仅在一个物品的形式上，而是在一个活动形式上提供服务。"例如，理发、美容、文化教育以及多种社区服务项目，都不提供实物，而只是通过提供服务来满足人们的各种需要，所以，它呈现出一种活动性。

第二，服务型劳动对劳动本身的依赖性更强。创造物质产品的劳动过程，是劳动和生产资料共同发挥作用的过程，尤其是在现代物质生产劳动领域。机器可以排挤劳动，生产的机械化、自动化程度越高，资本有机构成越高，就越有利于物质财富的增加。而服务型劳动主要依靠劳动力本身的作用，依靠劳动者的劳动技巧和思维能力。例如，科学上的创造发明或高质量的文艺创作，主要依靠劳动者个人的创造性和才能，所以，尽管在科研一类的服务型劳动中需要昂贵的仪器设备作为实验手段，但大多数服务型劳动所占用的生产资料相对较少，资本有机构成较低，这也是服务型劳动在现代经济生活中迅速发展的一个重要原因。

第三，服务型劳动与消费者对它的消费过程具有时间上的一致性。在商品经济条件下，物质产品的劳动过程与该过程生产出的物质产品的消费过程不仅是相分离的，而且二者的完全实现首先要经过交换、分配两大中间环节，而服务型劳动则可以直接满足消费者的消费要求，在消费者消费需求得到满足的同时，为之付出的服务型劳动就得到了社会承认。例如，演员演戏的过程，同时就是观众看戏的过程；美容师给消费者美容的同时，消费者获得了美感和享受。正如马克思所说："一个歌唱家为我提供的服务，满足了我的审美的需要，但是，我所享受的，只是同歌唱家本身分不开的活动，他的劳动即歌唱一停止，我的享受也就结束。"

第四，绝大多数服务型劳动不仅创造价值，而且创造较大价值。服务型劳动基本是指第三产业内部各部门的劳动。存在于这些部门的服务型劳动，绝大多数是创造价值的。例如，在商品流通领域，马克思早已肯定与商品使用价值相关的交通运输、通信、仓储、保管等劳动是生产劳动并创造价值。与此同时，在现实生活中，商品买卖中伴随着的运输、保管、分类、储存、整理等生产性活动也创造价值(增大商品的价值)。又如，在金融业中虽然其中的纯货币收付业务仅仅与商品价值形式的存在相联系，本身不创造价值，但其中的簿记、统计等职能是社会化大生产的客观要求，所以，消耗于其中的服务型劳动也创造价值。再如，教育部门虽然不属于物质生产部门，但教师的劳动是科学劳动的一部分，通过教师的劳动，使文化知识、科学技术得以传播、继承和发展，并通过培养具有各种不同专门知识和技术的劳动者即人才得以保存。所以说，教师的劳动凝结为各种专业技术人才的劳动能力，成为劳动力价值的重要构成部分。显然这样的劳动是创造价值的劳动。与此同时，由于服务型劳动主要是脑力劳动或手工体力劳动，所以，创造的价值比较大。例如，精神产品和职业型服务的生产以脑力劳动为主，这种复杂劳动比同时间的体力劳动和简单劳动创造的价值要大得多。再如，商业、饮食、理发、修理等劳动是以体力劳动和手工劳动为主，由于它不像物质产品那样能够用机器批量生产，所以，尽管这些部门的资本有机构成低，但由于工资占的比重比较大，从而价值也比较大。

## 三、服务型劳动的发展对国民经济的促进作用

服务型劳动是第三产业中绝大部分劳动者从事的劳动，它的发展水平直接代表第三产业的发展水平。世界经济发展的实践表明：第三产业的发展水平是衡量现代化社会经济发展程度的标志。第三产业中服务型劳动的发展对整个国民经济的发展具有极大的促进作用。

第一，大力发展服务型劳动，有利于产业结构的合理化。产业结构的合理化是国民经济健康、协调、快速发展的前提。《2022年国民经济和社会发展统计公报》记载：第一产业增加值占国内生产总值比重为7.3%，第二产业增加值比重为39.9%，第三产业增加值比重为52.8%。在全国就业人员中，第一产业就业人员占24.1%，第二产业就业人员占28.8%，第三产业就业人员占47.1%。在美国的产业结构中，第一产业占GDP的比重很低，常年保持在0.9%左右，2016年以后一直低于1%；2022年第二产业增加值占GDP的比重为19%左右，第二产业增加值达到4.58万亿美元，2014年以后占比跌破19%，2020年调至18%左右；第三产业占GDP的比重达到80%左右，产业增加值为20.37万亿美元，比我国GDP总量还要高，第三产业是美国的经济支柱，贡献率占比八成以上。相较而言，我国的第一产业、第二产业增加值都高于美国，第三产业低于美国，这也是GDP拉开差距的地方。美国是典型的全球金融帝国，而我国是全球制造业大国，驱动经济增长的动力不同，从而导致产业结构有差异。

第三产业的发展是科技进步的结果。科技进步一方面带来物质生产部门的劳动生产率极大提高，解放出更多的劳动力，提供了发展非物质生产部门的手段和条件；另一方面对劳动力素质的要求更高，要求教育、岗位培训、技能培训更加完善。第三产业的发展是生产社会化的客观要求。生产的社会化要求与之相适应的服务也必须社会化。

第三产业的发展是农村城市化或城镇化的必要条件。农村城市化或城镇化要求公共消费设施、服务设施配套发展。第三产业的发展是经济全球化的重要保证。在经济全球化条件下，国际的经济渗透加强，要求金融、通信和信息产业有更快的发展，而这些部门均属于第三产业。

第二，服务型劳动的发展，有利于人们消费结构的优化。社会生产的快速发展，将促进人们消费水平的提高，消费水平的提高必然要求进一步优化消费结构。而服务型劳动的发展是人们消费结构优化的重要保证，它体现在：首先，人们消费结构得以不断优化的物质保证是社会生产的不断发展，而生产越发展，科技的作用越强，从而对劳动力质量的要求越高，于是就要求迅速发展科学文化教育卫生事业，增加劳务消费，而劳务消费的增加则有待于服务型劳动的发展。其次，人们消费结构的不断优化，消费水平的不断提高，客观上要求消费社会化。消费领域中的消费服务由消费者自己承担的比重不断减少或下降，由社会提供的比重不断增加。消费的社会化则需要从事服务型劳动的劳动者在社会有关开发和管理部门的组织下以社会服务形式提供满足人们物质和文化需要的消费服务。再次，随着人们消费结构的不断优化，现代科技不仅进入生产领域，而且还不断渗透于消费领域，如各种电气设备、电脑以及生物工程在日常生活中的应用，使消费领域智能化，这样一来，只有广大消费主体智能化，才能充分享受现代化科技的丰富成果，而广大消费主体智能化的实现，有待于为之提供服务的服务型劳动部门的发展。

第三，服务型劳动的发展，有利于城乡劳动者的充分就业。城镇化水平与第三产业发展密切相关，第三产业的发展是城镇化进程加快的必然结果和要求，它们互相促进、互为因果。推进城市化，可以拓展第三产业的发展空间，增加服务需求，创造更多就业岗位；而发展第三产业则可以缓解就业压力，增强城市功能，提升城市品位，促进城市发展。城镇化是现代化的必由之路。

改革开放以来，中国经历了世界上规模最大、速度最快的城镇化进程。中国城镇人口从 1978 年的 17 245 万人到 2022 年的 92 071 万人，增长 74 826 万人，这一增量超过欧洲人口总和。中国常住人口城镇化率 1978 年为 17.92%，2022 年为 65.2%，40 多年提升超过 47 个百分点，而英美等不少发达国家实现同阶段城镇化率跃升用时 2 倍以上。随着城镇化快速推进，越来越多农村人口在城市安家落户。如何逐步缩小城乡发展差距和居民生活水平差距是对当前城市管理部门提出的重大挑战，解决这一问题的有效途径是大力发展服务型劳动，因为服务型劳动领域，能够提供大量的就业机会。如社区服务活动属于服务型劳动，其中商业、饮食、理发、修理等劳动以体力劳动和手工劳动为主，不需要大机器和大厂房，资本有机构成低，能适应不同层次的人就业，尤其是家政服务可以给进城的农民提供更多的就业机会。另外，随着科学技术的发展，数字经济时代的到来，一方面需要大力发展知识产业、信息产业；另一方面必然导致新的产业部门的出现，产生更多"灰领阶层"的就业岗位。以服务型劳动为主的第三产业已成为我国吸纳劳动力就业、创造社会财富、实现产业结构优化的主渠道。

第四，服务型劳动的发展有利于平衡消费品供求之间的矛盾。随着商品经济的充分发展，消费品越来越丰富，并且出现"过剩"。解决这一问题的有效途径之一是大力发展服务型劳动：首先，服务型劳动的发展，不断扩充人们的消费领域，使消费品的数量和质量不断增加；其次，服务型劳动的发展扩大了就业空间，必然使劳动者有支付能力的需求增加；再次，服务型劳动的发展标志着劳务消费在人们总消费中占的比重越来越大。这种消费结构的优化必然促进消费品生产结构的不断调整，使消费品的供给真正适应广大消费者的需求。

第五，服务型劳动的发展，有利于劳动者的全面发展。劳动者的全面发展不仅需要社会提供物质保证，而且需要劳动者有更多自由支配的时间，而劳动者更多自由支配时间的获得要靠服务型劳动的发展。因为要确保劳动者有更多自由支配的时间，则需要劳动者占有较高的社会化劳务消费的数量。

《2018 年全国时间利用调查公报》调查结果显示，居民在一天的活动中，个人生理必需活动平均用时 11 小时 53 分钟，占全天的 49.5%；有酬劳动平均用时 4 小时 24 分钟，占 18.3%；无酬劳动平均用时 2 小时 42 分钟，占 11.3%；个人自由支配活动平均用时 3 小时 56 分钟，占 16.4%；学习培训平均用时 27 分钟，占 1.9%；交通活动平均用时 38 分钟，占

2.7%。无酬劳动，包括家务劳动、陪伴照料孩子生活、护送辅导孩子学习、陪伴照料成年家人、购买商品或服务、看病就医、公益活动等。居民用于无酬劳动的平均时间为 2 小时 42 分钟。

家务劳动时间多了，人们的闲暇时间就少了。马克思曾经把闲暇时间称为"自由时间""可供自己发展的时间""从事高级活动时间"。所以，这部分时间不仅极大地影响人们体力、智力的恢复和发展，而且影响劳动者的全面发展。这表明我国目前劳务消费的社会化程度还比较低，我们必须通过大力发展服务型劳动，在劳务消费社会化的过程中"解放"劳动者。与此同时，劳动者的全面发展，需要卫生部门提高身体素质；需要科教部门提高智力和思想素质；需要娱乐部门娱乐身心，陶冶情操。这都要依靠服务型劳动提供。

综上所述，服务型劳动是促进国民经济健康、协调、快速发展所必需的社会总劳动的一个重要组成部分，它在社会总劳动中所占的比重增大是社会全面进步的具体表现。正如马克思所说："一个人要多方面享受，他就必须有享受能力。因此他必须是具有高度文明的人。"所以，我们不仅要大力发展服务型劳动，而且还要提高从事服务型劳动的劳动者的素质，使我们在实现经济全面现代化的同时，实现人的现代化。

# 活 动 与 训 练

活动主题：专业社会服务、劳动创新策划与实践培育

活动形式：调查研究

活动要求：

1. 以学习小组为基本单位，可以跨专业、跨年级组队。

2. 向教师和同学了解本专业社会服务劳动的传统内容和形式。

3. 编制调查问卷和访谈提纲，调查社会(大众或企事业单位)对本专业社会服务劳动的需求。

4. 分析社会对本专业传统社会服务劳动内容和形式的需求程度与满意程度，新需求的内容和形式以及急需程度。

5. 结合专业特色，进行专业社会服务劳动创意或创新策划，并撰写策划书。

6. 参加策划大赛。根据专业社会服务劳动创意创新策划大赛的结果和嘉宾评委的点评对策划的可行性和创新性进行评估。

7. 按照计划、组织、尝试、调节、总结等程序进行策划方案修改和完善。

8. 以网络推文展示或分享劳动实践成果(图文、视频、表演等形式)，交流劳动心得(课内实践)。

9. 将最终策划方案上交劳动教育指导教师或上传至网络教学平台。

10. 后续步骤。联系服务单位(对象)，以暑期社会实践、志愿服务等社会实践形式组织策划实施；以小组为单位总结实践经验和成果，每位同学反思劳动经历和收获，将劳动心得和实践成果上交给劳动教育指导教师或上传至网络教学平台。

# 课　后　反　思

1. 为实现中华民族的伟大复兴，简述劳动教育的意义。
2. 讨论生产劳动、服务劳动对我国产业发展的贡献。
3. 思考生活服务老龄化时代到来的重要价值。

## 补充阅读材料

### 2018 年全国时间利用调查公报

一、居民一天的时间分配

调查结果显示，居民在一天的活动中，个人生理必需活动平均用时 11 小时 53 分钟，占全天的 49.5%；有酬劳动平均用时 4 小时 24 分钟，占 18.3%；无酬劳动平均用时 2 小时 42 分钟，占 11.3%；个人自由支配活动平均用时 3 小时 56 分钟，占 16.4%；学习培训平均用时 27 分钟，占 1.9%；交通活动平均用时 38 分钟，占 2.7%。

二、个人生理必需活动时间

个人生理必需活动，包括睡觉休息、个人卫生护理、用餐或其他饮食活动。居民一天中用于个人生理必需活动的平均时间为 11 小时 53 分钟。其中，男性 11 小时 48 分钟，女性 11 小时 58 分钟；工作日 11 小时 45 分钟，休息日 12 小时 12 分钟。

三、有酬劳动时间

有酬劳动，包括就业工作和家庭生产经营活动。居民有酬劳动的平均时间为 4 小时 24 分钟。其中，男性 5 小时 15 分钟，女性 3 小时 35 分钟；城镇居民 3 小时 59 分钟，农村居民 5 小时 1 分钟；工作日 4 小时 50 分钟，休息日 3 小时 17 分钟。居民有酬劳动活动的参与率为 59%。其中，男性 67.4%，女性 51%；城镇居民 53.1%，农村居民 68.1%；工作日 64.5%，休息日 45.1%。

四、无酬劳动时间

无酬劳动，包括家务劳动、陪伴照料孩子生活、护送辅导孩子学习、陪伴照料成年家人、购买商品或服务、看病就医、公益活动等。居民用于无酬劳动的平均时间为 2 小时 42

分钟。其中，男性 1 小时 32 分钟，女性 3 小时 48 分钟；城镇居民 2 小时 45 分钟，农村居民 2 小时 39 分钟；工作日 2 小时 34 分钟，休息日 3 小时 4 分钟。居民无酬劳动的参与率为 70.2%，其中，男性 55.3%，女性 84.2%。

五、个人自由支配活动时间

个人自由支配活动，包括健身锻炼、听广播或音乐、看电视、阅读书报期刊、休闲娱乐、社会交往。居民在一天中自由支配活动平均用时 3 小时 56 分钟。其中，男性 4 小时 13 分钟，女性 3 小时 40 分钟；城镇居民 4 小时 10 分钟，农村居民 3 小时 33 分钟；工作日 3 小时 40 分钟，休息日 4 小时 34 分钟。居民自由支配活动的参与率为 90.8%。

六、学习培训时间

居民在一天中学习培训平均用时 27 分钟。其中，城镇居民 29 分钟，农村居民 24 分钟。按 5 岁为组距分组，15～19 岁居民学习培训的平均时间最长，为 8 小时 2 分钟；其次为 20～24 岁居民，为 1 小时 38 分钟。居民学习培训的参与率为 7.2%。

七、交通活动时间

居民用于交通活动的平均时间为 38 分钟，其中，城镇居民 44 分钟，农村居民 30 分钟。居民交通活动的参与率为 50.8%，其中，城镇居民 56.9%，农村居民 41.3%。

八、互联网使用时间

居民使用互联网的平均时间为 2 小时 42 分钟。其中，男性 2 小时 54 分钟，女性 2 小时 30 分钟；城镇居民 3 小时 23 分钟，农村居民 1 小时 38 分钟。

# 第三单元

# 劳动安全和劳动权益保护

**【周恩来总理说劳动】**

"民工两班作业，每天要劳动 12 小时，休息时间太少。你们要考虑改成三班制，这样才能有劳有逸，有利安全生产，有益民工健康。"

——《周恩来选集》上卷，人民出版社 1980 年版，第 35 页。

## 学习指南

本单元主要介绍劳动保护的内涵、内容以及劳动法的相关知识，引导大学生树立劳动安全意识，着重培养大学生合法劳动的意识。通过了解劳动权益，进一步提升社会实践劳动安全和大学生职业体验劳动安全。

能够结合实例，理解劳动安全和环境保护的基本含义，增强劳动安全与环境保护意识。

## 课程标准

| 考核标准点 | 具 体 内 容 |
|---|---|
| 知识 | 1. 理解劳动保护的内涵、意义等基本知识<br>2. 理解劳动法和劳动合同法，了解劳动权利的法律规定<br>3. 能够结合实例，理解劳动安全和劳动权益 |
| 技能 | 1. 能够掌握基本的劳动保护内容及其基本措施<br>2. 能够懂得劳动安全及劳动权益<br>3. 能够在了解劳动安全后进行社会实践 |
| 态度 | 1. 树立正确的劳动安全意只<br>2. 提升对劳动安全、劳动权益的认识 |

**导入案例**

### 穿拖鞋工作酿成大祸

　　某日下午，某水泥厂包装工在进行倒料作业中，包装工王某因脚穿拖鞋，行动不便，重心不稳，左脚踩进螺旋输送机上部10厘米宽的缝隙内，正在运行的机器将其脚和腿绞了进去。王某大声呼救，其他人员见状立即停车并反转盘车，才将王某救出。尽管王某被迅速送到医院救治，仍造成左腿高位截肢。造成这起事故的直接原因是王某未按规定穿工作鞋，而是穿着拖鞋，在凹凸不平的机器上行走，失足踩进机器缝隙。这起事故告诉我们，上班时间职工必须按规定佩戴劳动防护用品，绝不允许穿着拖鞋上岗操作。一旦发现这种违章行为，班组长以及其他职工应该及时纠正。

　　劳动和工作当中充斥着各种安全问题。这些安全问题，有的可以直接感受到，有的却是潜在的。安全无小事，需要工作人员提高劳动安全意识，在作业场所能够正确辨识各种危害因素，做到自我管理、自我保护，防止被伤害，提高自身避灾自救能力。在市场经济条件下，所有人都应该了解我国的劳动法律法规体系，并尽可能掌握基本的法律知识。《中华人民共和国劳动法》是以劳动关系及与劳动关系密切联系的关系为调整对象。它的基本理念是维护劳动者的合法权益。所以，不管是一名普通的劳动者还是用人单位的一名管理者，或者是高校毕业生，不管工作岗位如何，都应当熟悉劳动法律法规，能够运用劳动法专业知识解决劳动关系中的实际问题，明确在劳动关系中自己的权利和义务。

## 第一节　新时代的劳动保护工作

### 一、劳动保护的概念

　　劳动保护，就是保护劳动者在生产劳动过程中的安全与健康。在社会主义制度下，国家对劳动者的保护是多方面的，凡是关系到劳动者权利和利益的事情，国家都要加以保护。本文中所讲的劳动保护，是专指劳动者在生产劳动过程中的安全和健康的保护。

　　生产劳动中的劳动保护问题，是伴随生产劳动而产生并得以发展的。哪里有劳动，哪里就有劳动保护。人类在进行生产劳动过程中，一方面千方百计地从自然界中创造出丰硕的物质财富，另一方面又想方设法保护自身在劳动中的安全和健康。虽然古代人们在生产劳动中保护自身安全的意识和现代工业企业的劳动者的观念有所不同，但是两者都是同生产劳动紧密相连，都是以保护自身安全为目的的，从这个意义上说，两者是一致的。在人类社会发展史上，随着生产技术、生产领域的扩大，劳动保护也得到了发展，并且人们通过实践更深刻地认识到劳动保护在劳动生产中的重要作用，所以说劳动保护的发展乃至劳动保护用品的应用，是生产劳动中劳动者保护自身安全的重要内容。

在生产劳动过程中，危及劳动者安全与健康的因素很多，归纳起来可分为直接因素和间接因素两大类。如矿井可能发生的瓦斯爆炸、冒顶、片帮、水灾、火灾，机械加工可能发生的机器绞碾、电击电伤；建筑施工可能发生的高处坠落、物体打击，交通运输可能发生的车辆伤害和沉溺，有毒有害作业可能发生的职业病害等，都为直接因素；而劳动者工作时间过长或劳动强度过大，造成过度疲劳，容易发生事故或积劳成疾，女职工从事过于繁重的劳动或有害特殊生理的作业，造成危害等则为间接因素。

## 二、劳动保护工作的意义

### 1. 劳动保护是中国共产党和我们国家的一项重要政策

"加强劳动保护，改善劳动条件"，是我国宪法的神圣规定。中华人民共和国成立以来，中国共产党和人民政府十分重视劳动保护工作。早在 1956 年国务院发布《工厂安全卫生规程》《建筑安装工程安全技术规程》和《工人职员伤亡事故报告规程》时就指出："改善劳动条件，保护劳动者在生产劳动中的安全健康，是我们国家的一项重要政策。"在全国人大七届四次会议上通过的国民经济第八个五年计划纲要中，明确规定了要加强劳动保护，认真贯彻安全第一、预防为主的方针，强化劳动安全监察，努力改善劳动条件，努力降低企业职工伤亡事故率和职业病发作率；加强安全技术政策、劳动保护科学的研究和科技成果推广，努力完善检验手段。国家正在不断通过健全劳动保护立法，强化劳动保护监察和安全生产管理推进安全技术、职业卫生技术与有关工程等措施，来保证宪法所要求的这一基本政策的实现。保护劳动者在生产劳动中的安全健康是中国共产党和我们国家的一项基本政策，更是社会主义国家各类企业进行经营管理的基本原则。只有加强劳动保护，才能确保安全生产，从而改变长期以来在不少企业中工伤事故频发和职业危害严重的不良局面。否则势必严重损害千百万职工的切身利益，伤害他们建设社会主义的积极性和主观能动精神，不利于社会安全和现代化建设事业的持续、稳定发展，有悖于中国共产党和社会主义制度国家的根本宗旨，损害国家在国际上的形象，必须努力防止。

### 2. 劳动保护是促进国民经济发展的重要条件

劳动保护不仅包含着重要的政治意义，从某种意义上来说劳动保护又有着深刻的经济意义。在生产过程中，人是最宝贵的，人是生产力诸要素中起决定作用的因素。探索和认识生产中的自然规律，采取有效措施消除生产中不安全和不卫生因素，可以减少和避免各类事故的发生；创造舒适的劳动环境可以激发劳动者热情，充分调动和发挥人的积极性，这些都是提高劳动生产率、提高经济效益的基本保证。同时，加强劳动保护工作，还可减少因伤亡事故和职业病所造成的工作日损失和救治伤病人员的各项开支；减少由于设备损坏、财产损失和停产造成的直接或间接经济损失。这些都与提高经济效益密切相关。经济发展的经验表明，搞好劳动保护是发展经济的一条客观规律，人们很好地认识它和利用它就能达到理想的效果；反之，就会受到处罚。如美国在印度博帕尔化学公司甲基异氰酸盐贮罐泄漏而导致大量毒气外泄事故，苏联切尔诺贝利核电站4号反应堆爆炸而导致大量放射性物质严重污染大气事故，中国哈尔滨亚麻厂粉尘爆炸事故，中国山西三交河煤矿特大瓦斯煤尘爆炸事故等都造成了巨大的人身伤亡和经济损失，这些事故污染了环境，破坏了生态平衡，扰乱了社会生产的正常秩序。

### 3. 劳动保护是实现社会主义生产目的的重要措施

社会主义的生产目的，是为了满足人民日益增长的物质和文化生活的需要，让人民能安居乐业，过上幸福美满的生活。生产过程则是达到这一目的一种手段。如果在生产过程中劳动者的安全和健康得不到保障，将直接影响这一目的的实现。这不仅会给国家造成经济损失，而且会给劳动者及其家庭带来极大的不幸。这就直接违背了社会主义的生产目的。当前，在人民生活普遍提高和实行优生少生政策的情况下，人们对职业的选择会越来越高。所以，加强劳动保护工作有利于人们安居乐业，家庭幸福美满，社会安定团结，从而加速社会主义的建设步伐。

## 三、劳动保护的具体内容

劳动保护主要内容一般分为两类：一类是劳动安全保护安全技术规程，主要包括机器设备的安全，电气设备的安全，锅炉、压力容器的安全，建筑工程的安全，交通道路的安全等。企业必须按照这些安全技术规程使各种生产设备达到安全标准，切实保护劳动者的劳动安全。另一类是劳动卫生保护法律、法规对应的劳动卫生规程，主要包括防止粉尘危害，防止有毒、有害物质的危害，防止噪声和强光的刺激，防暑降温和防冻取暖，通风和照明，个人保护用品的供给等。企业必须按照这些劳动卫生规程达到劳动卫生标准，才能切实保护劳动者的身体健康。

## 四、劳动保护的具体任务

劳动保护工作应贯穿在生产的全过程中，其具体内容包括：

(1) 劳动保护的立法和监察。主要包括两大方面的内容：一是隶属生产行政管理的规则，如安全生产职责规则、加班加点审批规则、卫生保健规则、劳保用品发放规则及特殊保护规则；二是隶属生产技术管理的规则，如设备维修规则、安全操作规程等。

（2）为了改善劳动要求，避免有毒有害物质危害工人健康，防止职业中毒和职业病，在生产中所采取的技术组织措施的总和。它主要解决威胁工人健康的问题，以实现文明生产。在生产中要积极与职业毒害作斗争，消除生产劳动中的职业危害、职业中毒，保证劳动者的身体健康。

（3）为了消除生产中易引发伤亡事故的潜在因素，保证工人在生产中的安全，在技术上采取的各种措施，主要用于解决防止和消除突然意外对于工人安全的威胁问题。应采取一切组织和技术措施，在发展生产和革新技术的基础上，改善劳动条件，减轻劳动强度，变有害为无害，变危险为安全，变笨重为轻松，变肮脏为清洁，实现安全生产和文明生产。

（4）执行工作时间与休假规则，搞好劳逸结合，严控加班，保证劳动者有适当的休息时间，使劳动者能够精力充沛地从事生产劳动。

（5）注意女工人与未成年工的特殊保护。根据妇女的生理特点，对劳动妇女进行特殊保护，使妇女的身心健康得到保障。未成年工是指年满十六周岁未满十八周岁的劳动者。未成年工的特殊保护是针对其处于生长发育期的特点，以及接受义务教育的需要，采取的特殊劳动保护措施。

## 五、实施劳动保护工作的措施

实施劳动保护的措施有安全技术措施、安全教育措施、安全管理措施。安全技术措施即通过安全设施、安全设备、安全装置、安全检测和监测、防护用品等安全工程与技术硬件的投入，实现技术系统的本质安全化。安全教育措施即通过对全员的安全培训教育，来提高全员的安全素质，包括意识、知识、技能、态度、观念等综合安全素质。须采取多种形式，让全社会都来关心安全工作，对广大职工广泛地进行劳动保护宣传教育。安全管理措施即通过立法、监察、监督、检查等管理方式，保障技术条件和环境标准，以及人员的行为规范，以实现安全生产的目的。国家以立法形式，把改善劳动条件、保障安全生产的各种措施用条文明确规定下来，使之成为人们在劳动生产和生产管理中必须遵循的行为规则。劳动法规使劳动者在生产中的安全健康有了法律保障，使各企事业单位的劳动保护有了法律依据。

# 第二节　安全管理和应急救援

党的二十大报告提出：以人民为中心，以人民安全为宗旨、以政治安全为根本、以经济安全为基础、以军事科技文化社会安全为保障、以促进国际安全为依托，统筹外部安全和内部安全、国土安全和国民安全、传统安全和非传统安全、自身安全和共同安全，统筹维护和塑造国家安全，夯实国家安全和社会稳定基层基础，完善参与全球安全治理机制，建设更高水平的平安中国，以新安全格局保障新发展格局。特别是 2018 年，在党中央、国务院机构改革中，组建应急管理部，这标志着我国安全治理体系由区块化向统一化的大安全转变，这是国家治理体系不断完善的需要，也是经济社会发展的迫切需要。应急管理部成立以来，各级政府部门推行了以应急管理为主的系列政策文件，许多高校成立了应急管理学院，很多研究所和社会服务机构推出了应急文化、应急体系建设等产品，应急管理、应急文化、应急体系、应急科学、应急救援、SHE、安全生产标准化、职业健康安全管理体系等相关内容成为了安全领域的热门话题。在新时代背景下，针对劳动教育课程实施中可能出现的安全问题，社会各界均从各自的角度提出了自己的理论和方法，且在一定范围内，这些理论和方法对安全工作有一定的指导作用。图 3-1 所示的是消防员向某高校师生展示消防器材的使用方法，该活动是该校"消防安全百日攻坚行动"的一部分，是校园安全管理的常态化活动。

图 3-1　消防员向某高校师生介绍消防器材的使用方法

## 一、安全管理

随着现代企业制度的建立和安全科学技术的发展，现代企业更需要发展科学、合理、有效的现代安全管理方法和技术。现代安全管理是现代社会和现代企业实现安全生产和安全生活的必由之路。一个具有现代技术的生产企业必然需要相适应的现代安全生产管理科学。目前，现代安全生产管理是安全生产管理工程中最活跃、最前沿的研究和发展领域。

现代安全生产管理的理论和方法有安全管理哲学、安全系统论、安全控制论、安全信息论、安全经济学、安全协调学、安全思维模式、事故预测与预防理论、事故突变理论、事故致因理论、事故模型学、安全法制管理、安全目标管理法、无隐患管理法、安全行为抽样技术、安全经济技术与方法、安全评价、安全行为科学、安全管理的微机应用、安全决策、事故判定技术、本质安全技术、危险分析方法、风险分析方法、系统安全分析方法、系统危险分析、故障树分析、"PDCA"循环法、危险控制技术、事故应急管理、安全文化建设等。

安全管理充分运用这些管理理论和方法，形成自身的管理特点，即：要变传统的纵向单因素安全管理为现代的横向综合安全管理；变传统的事故管理为事件分析与隐患管理(变事后型为预防型)；变传统的被动安全管理对象为安全管理动力；变传统的静态安全管理为安全动态管理；变过去企业只顾生产经济效益的安全辅助管理为效益、环境、安全与卫生的综合效果的管理；变传统的被动、辅助、滞后的安全管理程式为主动、本质、超前的安全管理程式；变传统的外迫型安全指标管理为内激型的安全目标管理。

## 二、应急救援

### (一) 应急救援的概念

应急救援是指突发事件责任主体采用预定的现场抢险和抢救方式，在突发事件应急响应行动中迅速、有效地保护人员的生命和财产安全，指导公众防护，组织公众撤离，减少人员伤亡。在各类突发事件中，自然灾害和事故灾难破坏力惊人，人员伤亡和财产损失巨大，需要迅速有效地控制危害，其中，道路交通事故、火灾、爆炸等事故灾难更为严重，发生地点多为工矿企业、城镇等人员密集地。我国应急救援的组织体系、救援队伍、物资储备、应急机制建设等也都主要是针对这两类突发事件，特别是事故灾难进行的。因此，一般意义上的应急救援即指自然灾害、事故灾难、社会安全事件以及公共卫生事件的应急救援。

### (二) 应急救援的特点

事故应急救援工作涉及技术事故、自然灾害、城市生命线、重大工程、公共活动场所、公共交通、公共卫生和人为突发事件等多个公共安全领域，构成一个复杂巨系统，具有不确定性、突发性、复杂性等特点。

#### 1. 不确定性和突发性

不确定性和突发性是各类公共安全事故、灾害与事件的共同特征，大部分事故是突然爆发的，爆发前基本没有明显征兆，而且一旦发生，发展蔓延迅速，甚至失控。因此，要求应急行动者必须在极短的时间内在事故的第一现场做出有效反应，在事故产生重大灾难后果之前采取各种有效的防护、救助、疏散和控制事态等措施。

### 2. 复杂性

复杂性主要表现在：事故、灾害或事件影响因素与演变规律的不确定性和不可预见的多变性；众多来自不同部门参与应急救援活动的单位，在信息沟通、行动协调与指挥、授权与职责、通信等方面的有效组织和管理，以及应急响应过程中公众的反应、恐慌心理、公众过激等突发行为的复杂性等。这些复杂因素的影响，给现场应急救援工作带来了严峻的挑战。因此在实施应急救援工作时，应对各种复杂的情况作出足够的估计，制定随时应对各种复杂变化的相应方案。

复杂性另一个重要特点是现场处置措施的复杂性。重大事故的处置措施往往涉及较强的专业技术支持，包括易燃、有毒危险物质、复杂危险工艺以及矿山井下事故处置等，对每一个行动方案、监测以及应急人员防护等都需要在专业人员的支持下进行决策。因此，针对生产安全事故应急救援的专业化要求，必须高度重视建立和完善重大事故的专业应急救援力量、专业检测力量和专业应急技术与信息支持等的建设。

### 3. 后果、影响易猝变

公共安全事故、灾害与事件虽然是小概率事件，但后果一般比较严重，能造成广泛的公众影响，应急处理稍有不慎，就可能改变事故、灾害与事件的性质，使平稳、有序、和平状态向动态、混乱和冲突方面发展。引起事故、灾害与事件波及范围扩展，卷入人群数量增加和人员伤亡与财产损失后果加大，猝变、激化与放大造成的失控状态，不但迫使应急响应升级，甚至可能导致社会性危机出现并使公众立即陷入巨大的动荡与恐慌之中。因此，重大事故的处置必须坚决果断，而且越早越好，防止事态扩大。

因此，为尽可能降低重大事故的后果及影响，减少重大事故所导致的损失，要求应急救援行动必须做到迅速、准确和有效。所谓迅速，就是要求建立快速的应急响应机制，能迅速准确地传递事故信息，迅速地调集所需的大规模应急力量和设备、物资等资源，迅速地建立起统一指挥与协调系统，开展救援活动。所谓准确，要求有相应的应急决策机制，能基于事故的规模、性质、特点、现场环境等信息，正确地预测事故的发展趋势，准确地对应急救援行动和战术进行决策。所谓有效，主要指应急救援行动的有效性，在很大程度上它取决于应急准备得充分与否，包括应急队伍的建设与训练，应急设备(施)、物资的配备与维护，预案的制定与落实以及有效的外部增援机制等。

### (三) 应急救援的基本原则

应急救援工作应在坚持预防为主的前提下，切实贯彻统一指挥、分级负责、区域为主、单位自救和社会救援相结合的原则。应急救援的基础和前提是预防，在做好平时的预防工作，避免和减少突发事件发生的同时，要落实好救援工作的各项准备措施，做到预先准备，一旦发生突发事件就能及时实施救援。重大突发事件特别是重大事故灾难的发生具有突发性，且扩散性强、危害范围广，应急救援行动必须迅速、准确和有效，因此应急救援必须实行统一指挥、高效运转；按照我国行政属地管理要求，应急救援也相应采取分级负责制，以区域为主，并根据突发事件的具体情况，将自救和社会救援相结合，充分发挥事故单位及地区的优势和作用，迅速、有效地组织和实施应急救援；同时应急救援也是一项涉及面广、专业性很强的工作，单靠某一个部门很难完成，需要各相关部门密切配合、协同作战，尽可能地避免和减少损失。另外，应急救援要充分体现"以人为本"的价值观，在救援行动中先抢救受害人员；应尽一切努力将突发事件对外部环境的损害控制到最小，保持生态环境和社会环境的可持续发展，减轻社会压力。

### (四) 事故应急救援的基本任务

救援工作只能实行统一指挥下的分级负责制，以区域为主，并根据事故发展情况，采取单位自救和社会救援相结合的形式。应急救援的总目标是通过有效的应急救援行动，尽可能地降低事故的后果，包括人员伤亡、财产损失和环境破坏等。应急救援的基本任务包括下述几个方面：

(1) 立即组织营救受害人员，组织撤离或者采取其他措施保护危害区域内的其他人员。抢救受害人员是应急救援的首要任务，在应急救援行动中，快速、有序、有效地实施现场急救与安全转送伤员是降低伤亡率、减少事故损失的关键。由于重大事故发生突然、扩散迅速、涉及范围广、危害大，应及时指导和组织群众采取各种措施进行自身防护，必要时迅速撤离危险区或可能受到危害的区域。在撤离过程中，应积极组织群众开展自救和互救。

(2) 迅速控制事态，并对事故造成的危害进行检测、监测，确定事故的危害区域、危害性质及危害程度。及时控制造成事故的危险源是应急救援工作的重要任务，只有及时地控制住危险源，防止事故的继续扩展，才能及时有效地进行救援。

(3) 消除危害后果，做好现场恢复。针对事故对人体、动植物、土壤、空气等造成的现实危害和可能的危害，迅速采取封闭、隔离、洗消、监测等措施，防止对人的继续危害和对环境的污染。及时清理废墟和恢复基本设施，将事故现场恢复至相对稳定的基本状态。

(4) 查清事故原因，评估危害程度。事故发生后应及时调查事故的发生原因和事故性质，评估事故的危害和危险程度，查明人员伤亡情况，从事故应急角度做好事故调查，进一步完善应急系统和应急预案，为下一次预防事故提供技术支持。

# 第三节　劳动权益保护法律规范

## 一、劳动法

### (一) 劳动法概述

劳动法的渊源，也称为劳动法的形式，是指劳动法律规范的具体表现形式。它表明劳动法律规范以什么形式存在于法律体系中，告诉人们从何处找到劳动法律规范。在成文法国家，劳动法的渊源仅限于各种成文法；在承认不成文法的国家或地区，劳动法的渊源除成文法外，还包括判例法和习惯法。

劳动法有广义和狭义之分。狭义上的劳动法，一般是指国家最高立法机构制定颁布的全国性、综合性的劳动法。广义上的劳动法，是指调整劳动关系以及与劳动关系有密切联系的其他社会关系的法律规范的总称。劳动法是工业社会的产物，以劳动力和生产资料分属不同主体为前提条件，是劳动者长期抗争的结果，也是维护劳动力市场自由平等竞争的基本规范。劳动法主要调整劳动关系、同时也调整因劳动力管理、社会保险和福利、职工民主管理、劳动争议处理等产生的其他社会关系，进而建立和维护适应社会主义市场经济，促进经济发展与社会进步的劳动制度。

《中华人民共和国劳动法》是 1994 年 7 月 5 日第八届全国人民代表大会常务委员会第八次会议通过，并于 1995 年 1 月 1 日起实施的，根据 2009 年 8 月 27 日第十一届全国人民代表大会常务委员会第十次会议《关于修改部分法律的决定》第一次修正，根据 2018 年 12 月 29 日第十三届全国人民代表大会常务委员会第七次会议《关于修改〈中华人民共和国劳动法〉等七部法律的决定》第二次修正。它是为了保护劳动者的合法权益，调整劳动关系，建立和维护适应社会主义市场经济的劳动制度，促进经济发展和社会进步，根据宪法，制定的法律。

### (二) 劳动法的适用范围

#### 1. 何地适用——空间效力

在空间适用范围上，我国劳动法较之其他部门法具有较强的地域性特征。根据不同的立法层次，我国劳动法适用的地域范围分为如下两种情况：一是凡由全国人大及其常委会通过的劳动法律和由国务院发布的劳动法规、规定、决定，除法律、法规有特别规定外，统一适用于中华人民共和国的全部领域(但香港、澳门特别行政区除外)；凡属地方性的劳动法规及民族自治地方的人民代表大会制定的劳动自治条例和单行条例，只适用于该地方政府行政管辖区域范围之内。

### 2. 何人适用——对人的效力

我国境内的企业、个体经济组织、民办非企业单位等组织与劳动者建立劳动关系，适用劳动法。依法成立的会计师事务所、律师事务所等合伙组织和基金会，属于劳动合同法规定的用人单位。国家机关、事业单位、社会团体与劳动者建立劳动关系，依照劳动法的有关规定执行。在国家机关工作的工勤人员(即属于工人编制的人员)与国家机关建立劳动关系，应当订立劳动合同，适用劳动法；事业单位、社会团体与其工勤人员、编外人员之间，实行企业化管理的事业单位与其工作人员之间，建立劳动关系，应当订立劳动合同，适用劳动法。

### 3. 何时适用——时间效力

劳动法的时间效力是指劳动法何时生效、何时失效及是否有溯及既往的效力。

(1) 劳动法生效的时间。一般有两种情况：一是通过或公布之日起生效，由该法律规范性文件本身明确规定，如 2008 年 9 月 18 日国务院发布的《劳动合同法实施条例》即明确自发布之日起生效；二是通过或公布之日并不立即生效，而是在该法律规范性文件中确定生效日期，如《劳动合同法》于 2007 年 6 月 29 日由全国人大常委会通过，该法明确规定自 2008 年 1 月 1 日起生效。

(2) 劳动法的失效时间。一般有两种情况：一是法律规范性文件明定了失效时间或失效的特定条件，当失效时间或特定条件出现时，即自然失效；二是国家制定了与旧法律规范性文件内容相同或相抵触的新法律规范性文件，根据"新法优于旧法"的原则，明确规定旧法失效或不明定，旧法自然失效。

## 二、劳动合同法

### (一) 劳动合同法的适用范围

为了完善劳动合同制度，明确劳动合同双方当事人的权利和义务，保护劳动者的合法权益，构建和发展和谐稳定的劳动关系，制定《中华人民共和国劳动合同法》(以下简称《劳动合同法》)。《劳动合同法》于 2007 年 6 月 29 日第十届全国人民代表大会常务委员会第二十八次会议通过，根据 2012 年 12 月 28 日第十一届全国人民代表大会常务委员会第三十次会议《关于修改〈中华人民共和国劳动合同法〉的决定》修正。

中华人民共和国境内的企业、个体经济组织、民办非企业单位等组织(以下称用人单位)与劳动者建立劳动关系，订立、履行、变更、解除或者终止劳动合同，适用本法。国家机关、事业单位、社会团体和与其建立劳动关系的劳动者，订立、履行、变更、解除或者终止劳动合同，依照本法执行。订立劳动合同，应当遵循合法、公平、平等自愿、协商一致、诚实信用的原则。

依法订立的劳动合同具有约束力，用人单位与劳动者应当履行劳动合同约定的义务。

### (二)《劳动合同法》的相关内容

《劳动合同法》限定了试用期期限：劳动合同期限三个月以上不满一年的，试用期不得超过一个月；劳动合同期限一年以上不满三年的，试用期不得超过两个月；三年以上固定期限和无固定期限的劳动合同，试用期不得超过六个月。以完成一定工作任务为期限的劳动合同或者劳动合同期限不满三个月的，不得约定试用期。同一用人单位与同一劳动者只能约定一次试用期。在试用期内，除劳动者不符合录用条件、严重违纪、医疗期满或不能胜任工作外，用人单位不得解除劳动合同。用人单位在试用期解除劳动合同的，应当向劳动者说明理由。用人单位须先签合同再试用，试用期包含在劳动合同期限内。劳动合同仅约定试用期的，试用期不成立，该期限为劳动合同期限。

《劳动合同法》还限定了试用期工资的最低水平。劳动者在试用期的工资不得低于本单位相同岗位最低档工资或者劳动合同约定工资的 80%，并强调试用期工资不得低于用人单位所在地的最低工资标准。

《劳动合同法》规定：用人单位存在强迫劳动等四类情形的，依法给予行政处罚；构成犯罪的，依法追究刑事责任；给劳动者造成损害的，应当承担赔偿责任。《劳动合同法》规定的四类情形是：以暴力、威胁或者非法限制人身自由的手段强迫劳动的；违章指挥或者强令冒险作业危及劳动者人身安全的；侮辱、体罚、殴打、非法搜查或者拘禁劳动者的；劳动条件恶劣、环境污染严重，给劳动者身心健康造成严重损害的。

目前，一些零售、餐饮等行业的用人单位，在招收劳动者时，会要求劳动者交"押金"或扣押劳动者的身份证等证件，有的单位还要求劳动者提供担保。《劳动合同法》规定，用人单位招工时，不得扣押劳动者的身份证和其他证件，不得要求劳动者提供担保或以其他名义向劳动者收取财物。过去一些不规范的企业进门交押金，包括服装费、卡片费、档案保管费等，严重侵害了劳动者的合法权益。

## 三、劳动争议处理制度的法律调整

我国现行劳动争议处理制度是由 1993 年国务院发布的《企业劳动争议处理条例》(以下简称《条例》)和 1994 年全国人大常委会通过的《中华人民共和国劳动法》确立的。劳动争议处理程序通常概括为"一调一裁两审"。2008 年出台的《劳动争议调解仲裁法》针对现行制度中存在的突出问题，在维持"一调一裁两审"基本程序不变的情况下，作为一部专门处理劳动争议的程序法，对用人单位与劳动者发生的下列劳动争议，做了较大的调整：

变化一：扩大受案范围，解决劳动者"投诉无门"的问题。

现实中，因一些劳动争议案件不属于受案范围，常使劳动者遭遇投诉无门，权益无法实现。鉴于此，该法第二条对受案范围作出规定："中华人民共和国境内的用人单位与劳动者发生的下列劳动争议，适用本法：(1) 因确认劳动关系发生的争议；(2) 因订立、履行、变更、解除和终止劳动合同发生的争议；(3) 因除名、辞退和辞职、离职发生的争议；(4) 因工作时间、休息休假、社会保险、福利、培训以及劳动保护发生的争议；(5) 因劳动报酬、工伤医疗费、经济补偿或者赔偿金等发生的争议；(6) 法律、法规规定的其他劳动争议。"

变化二：规定举证倒置情形，帮助劳动者迈过举证"门槛"。

劳动者提起劳动仲裁或诉讼，首先要证明自己与用人单位存在劳动关系，即确认劳动关系的存在。但在现实中，用人单位往往掌握证据又不提供，如劳动合同、职工名册等，劳动者难以证明劳动关系的存在，许多劳动者倒在了第一道"门槛"下。为了合理分配举证责任，该法作出了举证倒置的规定，这将帮助劳动者迈过第一道"门槛"。该法第六条规定："发生劳动争议，当事人对自己提出的主张，有责任提供证据。与争议事项有关的证据属于用人单位掌握管理的，用人单位应当提供；用人单位不提供的，应当承担不利后果。"同时，第三十九条第二款还规定："劳动者无法提供由用人单位掌握管理的与仲裁请求有关的证据，仲裁庭可以要求用人单位在指定期限内提供。用人单位在指定期限内不提供的，应当承担不利后果。"

变化三：调解渠道拓宽，特殊调解协议可申请支付令。

着重调解是处理劳动争议的基本原则。该法第三条规定："解决劳动争议，应当根据事实，遵循合法、公正、及时、着重调解的原则，依法保护当事人的合法权益。"为拓宽调解渠道，第十条规定："发生劳动争议，当事人可以到下列调解组织申请调解：(1) 企业劳动争议调解委员会；(2) 依法设立的基层人民调解组织；(3) 在乡镇、街道设立的具有劳动争议调解职能的组织。"

在保留"企业劳动争议调解委员会"的基础上，调解渠道增加了司法机关设立的"基层人民调解组织"和"在乡镇、街道设立的具有劳动争议调解职能的组织"。后一种组织指的是区域性行业性劳动争议调解组织，这是近年来各地出现的新型劳动争议调解组织，实践效果较好，这次被写进《调解仲裁法》，其法律地位得到了确认。调解渠道的拓宽，既能够有效利用社会资源，也能够弥补大量非公有制企业缺少调解组织的不足。

变化四：仲裁管辖合同履行地优先，方便当事人提起仲裁。

根据《条例》第十七条、十八条的规定，劳动仲裁一般由用人单位所在地的劳动争议仲裁委员会受理，如果发生劳动争议的企业与职工不在同一个仲裁委员会管辖地区的，由向职工发放工资的单位所在地的仲裁委员会处理。在实践中，经常发生这样的情形：用人单位注册登记的住所地与其经营所在地不同，用人单位所在地与劳动合同履行地不同，用人单位所在地与劳动者的工资关系所在地不同等情形，当这些"地域的不同"跨越了不同的行政区域，就涉及管辖问题，有时还出现"争案""推案"现象，常使劳动者在这些不同地域奔波，极大地增加了劳动者的维权成本。

为解决这一问题，该法第二十一条规定："劳动争议仲裁委员会负责管辖本区域内发生的劳动争议。劳动争议由劳动合同履行地或者用人单位所在地的劳动争议仲裁委员会管辖。双方当事人分别向劳动合同履行地和用人单位所在地的劳动争议仲裁委员会申请仲裁的，由劳动合同履行地的劳动争议仲裁委员会管辖。"

变化五：仲裁时效期间延长，以免劳动者错过时机。

《中华人民共和国劳动法》第八十二条规定："提出仲裁要求的一方应当自劳动争议发生之日起六十日内向劳动争议仲裁委员会提出书面申请。仲裁裁决一般应在收到仲裁申请的六十日内作出。对仲裁裁决无异议的，当事人必须履行。""劳动争议发生之日"，劳动部在《关于贯彻执行〈中华人民共和国劳动法〉若干问题的意见》第 85 条解释为"指当事人知道或者应当知道其权利被侵害之日"。《中华人民共和国劳动法》将仲裁申请的期限限定为 60 日，其立法初衷是为了尽快解决劳动争议，但在实践中，往往由于时效太短，一些劳动者因为超过时效期间而丧失了获得法律救济的机会。很多劳动者因错过仲裁时效，被拖欠的劳动报酬也只能眼看着"打水漂"。

针对劳动关系的特殊性，该法将仲裁时效由"60 日"延长到"一年"，并根据现实情况，作出了中断、中止、特殊情形不受限制等特别规定。第二十七条规定："劳动争议申请仲裁的时效期间为一年。仲裁时效期间从当事人知道或者应当知道其权利被侵害之日起计算。""因当事人一方向对方当事人主张权利，或者向有关部门请求权利救济，或者对方当事人同意履行义务而中断。从中断时起，仲裁时效期间重新计算。""因不可抗力或者有其他正当理由，当事人不能在本条第一款规定的仲裁时效期间申请仲裁的，仲裁时效中止。从中止时效的原因消除之日起，仲裁时效期间继续计算。""劳动关系存续期间因拖欠劳动报酬发生争议的，劳动者申请仲裁不受本条第一款规定的仲裁时效期间的限制；但是，劳动关系终止的，应当自劳动关系终止之日起一年内提出。"

变化六：缩短仲裁的审理期限，防止案件久拖不决。

按现行《条例》第二十五条、第三十二条的规定，仲裁委员会收到申诉书之日起七日内作出受理或者不予受理的决定；决定受理的，在作出决定之日起七日内将申诉书的副本送达被诉人，并组成仲裁庭；劳动争议仲裁案件自组成仲裁庭之日起六十日内结束；案情复杂需要延期的，经报仲裁委员会批准，可以适当延期，但是延长的期限不得超过三十日。

根据规定计算，从仲裁委员会决定受理，到在法定时间内作出裁决，仲裁期限一般为 67 日 (7＋60)；对于复杂案件，还可以延长三十日，最长为 97 日(7＋60＋30)。

而按照该法第二十九条、四十三条规定，当事人向仲裁委员会提交仲裁申请之日起 5 日内，劳动争议仲裁委员会应决定是否受理；决定受理的，应当自受理仲裁申请之日起四十五日内结束；案情复杂需要延期的，经劳动争议仲裁委员会主任批准，可以延期并书面通知当事人，但是延长期限不得超过十五日。可以看出，从仲裁委员会决定受理，到在法定时间内作出裁决，仲裁审理期限一般为 45 日，最长为 60 日(45＋15)。与现行规定相比，仲裁审理期限可缩短 1/3。

## 活 动 与 训 练

活动主题：理解劳动权益保护条例

活动形式：研讨

活动要求：就以下提供的材料，就提出的问题开展研讨。

### 兼论企业用工观念

张某通过劳动中介公司在一家公司找到工作，并与该公司口头商定：张某的试用期为 1 个月，月工资为 1600 元钱。试用期满后，张某多次向该公司提出签订书面劳动合同，该公司一直拖延不签订劳动合同。一年后，因为交通不便，本人年龄已大，张某向公司提出辞职，并要求公司结清当月的工资，公司提出张某与公司没有签订劳动合同，拒绝结清当月工资。双方发生纠纷。

请就材料内容，讨论：

1. 在本案中，用人单位不与劳动者签订书面劳动合同是否合法？
2. 未签订劳动合同，发生争议是否可以申请劳动仲裁？
3. 用人单位拒绝结清当月工资，是否合理？

## 课 后 反 思

1. 你是否听说过身边有人在生产劳动中出现了人身安全事故？
2. 作为高校大学生，劳动安全和劳动保护是否与自己无关？
3. 你认为自己是否已经掌握了必要的劳动安全常识？
4. 遵守安全规程和劳动纪律是劳动者应尽的义务和责任吗？

### 补充阅读材料

## 守护劳动者合法权益的可不止一部《中华人民共和国劳动法》

一、《中华人民共和国工会法》

工会是中国共产党领导的职工自愿结合的工人阶级群众组织，是中国共产党联系职工群众的桥梁和纽带。中华全国总工会及其各工会组织代表职工的利益，依法维护职工的合法权益。为保障工会在国家政治、经济和社会生活中的地位，确定工会的权利与义务，发挥工会在社会主义现代化建设事业中的作用，我国根据宪法，制定了《中华人民共和国工会法》（以下简称《工会法》）。

最新的《工会法》将"竭诚服务职工群众"增列进第六条"工会的基本职责"中，将帮助劳动者"维权"和为劳动者"服务"共同列为工会的法定基本职责。因此工会除维护劳动者合法的劳动经济权益与民主政治权利外，还要同时做好对劳动者的物质生活服务和精神文化服务，提升劳动者的安全感、获得感、幸福感。

《工会法》第六条规定：维护职工合法权益、竭诚服务职工群众是工会的基本职责。工会在维护全国人民总体利益的同时，代表和维护职工的合法权益。

工会通过平等协商和集体合同制度等，推动健全劳动关系协调机制，维护职工劳动权益，构建和谐劳动关系。

工会依照法律规定通过职工代表大会或者其他形式，组织职工参与本单位的民主选举、民主协商、民主决策、民主管理和民主监督。

工会建立联系广泛、服务职工的工会工作体系，密切联系职工，听取和反映职工的意见和要求，关心职工的生活，帮助职工解决困难，全心全意为职工服务。

二、《中华人民共和国劳动法》

《中华人民共和国劳动法》是一部保护劳动者的合法权益，调整劳动关系，建立和维护适应社会主义市场经济的劳动制度，促进经济发展和社会进步的法律。它保障劳动者享有平等就业和选择职业的权利、取得劳动报酬的权利、休息休假的权利、获得劳动安全卫生保护的权利、接受职业技能培训的权利、享受社会保险和福利的权利、提请劳动争议处理的权利以及法律规定的其他保障劳动者的合法权益，保障劳动者依法享受社会保险和福利，意义重大。社会保险是劳动者在暂时或永久丧失劳动能力和失业时，从国家和社会获得物质帮助的制度，主要内容包括养老保险、生育保险、工伤保险、医疗保险、失业保险。福利是用人单位提供给员工的间接报酬，一般包括健康保险、带薪假期、过节礼物、退休金等。劳动者依法享受社会保险和福利，不仅能提升劳动人民的获得感、幸福感和安全感，也有利于激发劳动者的工作热情，使社会主义建设事业充满活力和力量。

三、《中华人民共和国职业病防治法》（以下简称《职业病防治法》）

保障劳动安全卫生，防治职业病，事关劳动者的生命安全、身体健康、生活质量，不容忽视。为了保障劳动者健康，用人单位应当认真学习贯彻《职业病防治法》，为劳动者提供相应的劳动安全卫生条件、劳动防护用品，关注劳动者健康。

《职业病防治法》第四条规定：劳动者依法享有职业卫生保护的权利。

用人单位应当为劳动者创造符合国家职业卫生标准和卫生要求的工作环境和条件，并采取措施保障劳动者获得职业卫生保护。

工会组织依法对职业病防治工作进行监督，维护劳动者的合法权益。用人单位制定或者修改有关职业病防治的规章制度，应当听取工会组织的意见。

四、《中华人民共和国劳动合同法》

用人单位与劳动者在订立劳动合同时，应当遵循合法、公平、平等自愿、协商一致、诚实信用的原则。为了完善劳动合同制度，明确劳动合同双方当事人的权利和义务，保护劳动者的合法权益，构建和发展和谐稳定的劳动关系，我国制定了《中华人民共和国劳动合同法》。

随着网络信息技术的发展，现今很多劳动者都选择在网上求职。在网络招聘平台上，劳动者需要注意那些在签订劳动合同前，以五花八门名义收取费用的招聘公司。《中华人民共和国劳动合同法》明确规定此类行为违法，求职者要警惕遭遇网络招聘陷阱。

《中华人民共和国劳动合同法》第九条规定：用人单位招用劳动者，不得扣押劳动者的居民身份证和其他证件，不得要求劳动者提供担保或者以其他名义向劳动者收取财物。

五、《中华人民共和国劳动争议调解仲裁法》

在劳动关系中，用人单位与劳动者可能存在因确认劳动关系，订立、履行、变更、解除和终止劳动合同，除名、辞退和辞职、离职，因工作时间、休息休假、社会保险、福利、培训以及劳动保护，劳动报酬、工伤医疗费、经济补偿或者赔偿金等发生的争议。为了公正及时解决劳动争议，保护当事人合法权益，促进劳动关系和谐稳定，我国制定了《中华人民共和国劳动争议调解仲裁法》。

《中华人民共和国劳动争议调解仲裁法》明确规定，当事人（含用人单位）向劳动争议仲裁委员会申请仲裁，是无须缴纳费用的，这一规定从法律上建立了劳动者无成本的维权机制。

《中华人民共和国劳动争议调解仲裁法》第五十三条规定：劳动争议仲裁不收费。劳动争议仲裁委员会的经费由财政予以保障。

六、《中华人民共和国民法典》

《中华人民共和国民法典》（以下简称《民法典》）是新中国第一部以法典命名的法律，在法律体系中居于基础性地位，也是市场经济的基本法，它与我们每个人的权利和义务都息息相关，被称为"社会生活的百科全书"。在这部法律中也规定了对劳动者权益保护的内容。

在《民法典》中明确规定了用人单位不能随意将劳动者执行工作任务时造成他人损害的责任转嫁给劳动者，在劳动者无故意或者重大过失的情况下，用人单位应当承担侵权责任。

《民法典》第一千一百九十一条规定：用人单位的工作人员因执行工作任务造成他人损害的，由用人单位承担侵权责任。用人单位承担侵权责任后，可以向有故意或者重大过失的工作人员追偿。

劳务派遣期间，被派遣的工作人员因执行工作任务造成他人损害的，由接受劳务派遣的用工单位承担侵权责任；劳务派遣单位有过错的，承担相应的责任。

# 第四单元

# 新时代大学生的职业意识和职业精神

【周恩来总理说劳动】

"在任何艰难困苦的情况下，都要以誓死不变的精神为共产主义事业奋斗到底"。

——熊华源：《开国总理周恩来》，中国社会出版社 2004 年版，第 163 页。

## 学习指南

本单元主要介绍职业及职业意识的特点，介绍新时代职业精神的内涵以及特征，引导大学生弘扬职业精神，树立担当意识、职业精神。通过学习理解职业精神，增强职业意识，培育职业精神。

## 课程标准

| 考核标准点 | 具 体 内 容 |
|---|---|
| 知识 | 1. 深入理解职业、职业精神的概念，了解新时代职业精神的知识<br>2. 理解担当意识 |
| 技能 | 1. 能够掌握新时代职业精神的要素构成<br>2. 能够懂得培养担当意识<br>3. 能够提高职业精神 |
| 态度 | 1. 端正对职业意识的态度<br>2. 培养担当意识<br>3. 具有担当意识、努力提高职业精神的态度 |

**➡️▥ 导入案例**

生命不息，劳作不止——致敬杂交水稻之父袁隆平

　　袁隆平，一个属于中国也属于世界的名字，他发起的"第二次绿色革命"给人类带来了福音。现为中国工程院院士的袁隆平，从 20 世纪 60 年代开始致力于杂交水稻的研究，经过 12 年的努力，成功培育出了三系杂交水稻。1976 年至 1987 年间，他培育的杂交水稻种植面积累计达到 11 亿亩，增产稻谷 1000 亿千克。1979 年，杂交水稻作为我国第一个农业技术专利转让美国。此后，他又研制出一批比现有三系杂交水稻增产 5%～10% 的两系品种间杂交组合。如今，我国大江南北的农田普遍种上了袁隆平研制的杂交水稻。杂交水稻的大面积推广，为我国粮食增产发挥了重要作用。袁隆平的杂交水稻引起了世界的关注，许多国家的专家到中国来取经，印度、越南等二十多个国家和地区引进了杂交水稻。袁隆平的努力，也为解决世界粮食短缺问题做出了贡献。国家授予袁隆平"全国先进科技工作者""全国劳动模范"和"全国先进工作者"等光荣称号。联合国世界知识产权组织授予他金质奖章和"杰出的发明家"荣誉称号。国际同行称他为"杂交水稻之父"。

# 第一节　新时代大学生的职业意识

## 一、职业的内涵

### （一）职业的概念

　　追溯人类的发展可以看到，在原始社会后期，人类出现过两次社会大分工：第一次是农业与畜牧业的分离——于是有了农民和牧民；第二次是农业与手工业的分离——于是又有了手工业者。社会大分工催生了商人的出现——专门从事物物交换的中间人，以及最早的商业。随着社会分工越来越细化，职业也越来越多。可见，是社会分工造成了职业的划分，因此，职业是指由于社会分工而形成的具有特定专业和专门职责、并以所得收入作为主要生活来源的社会活动。职业是在人类社会出现分工之后产生的一种社会历史现象。

　　职业的本质是人创造物质财富与精神财富的社会活动。职业活动的进行和实现除了必需的社会条件，还需要有个人知识、才能和本领的保证。为了有足够的生活来源，人们必须从事一定的工作，即要有一个职业。

### (二) 职业的意义

职业对于每个人而言具有三层意义：生存、社会角色和自我价值实现。

首先，职业是我们赖以生存的方式，是谋生手段。任何人都必须工作才能生存。因为只有从事职业活动，才能消除人们在生活中产生的恐惧感，获得人身的安全感。因此，可以说职业活动是人们满足各种物质文化生活需要的基本手段。

其次，职业是一种社会角色，是一种义务和责任。从事一定的职业就是扮演一定的社会角色，就必须承担这一社会角色相应的职责，就必须凭自己所能，履行角色所赋予的社会义务，才能获得相应的报酬。因此，从社会角色看，职业人又是"社会人"，必须履行其责任和义务，有效地增加社会财富，才能获得自我生存发展的经济来源和社会舞台。

再次，职业提供给人们自我实现的机会。所有的生物降生于世，发展其生命就是它的意义所在。对于一个人来说，发掘其潜能、展现其才华、贡献其心智、实现自我价值是生命的渴望和意义所在。马斯洛的需求层次论认为，人最高的心理需求是获得尊重和实现自我价值。由此，成功的职业生活不只是获得多少报酬，或是否尽到岗位责任，还意味着在参与社会职业生活中，在多大程度上将自己的能力、才华和创造力发挥出来，促进社会的进步和发展。因此，职业活动就成了人们贡献才能、创造社会财富，赢得社会肯定、尊重、荣誉、声望，实现自我价值的过程。

任何一种职业都是职业职责、职业权利和职业利益的统一体。既然职业对于每个人有重要意义，我们就没有理由轻视它或漠视它，应该以虔诚之心对待它，这就是基本的职业素养。

## 二、职业意识

### (一) 职业意识的概念

职业意识是人们对职业劳动的认识、评价、情感和态度等心理成分的综合反映，是支配和调控全部职业行为和职业活动的调节器，它包括创新意识、竞争意识、协作意识和奉献意识等方面。

职业意识是人脑对职业的反映，是人们对职业活动的认识、评价、情感和态度等心理成分的综合反映。它来自于具体的职业实践，是职业人通过对职业实践的总结分析形成的本职业约定俗成、师承父传的职业认识和主要观点。随着社会的发展，职业意识又用法律、法规、行业自律、规章制度、企业条文来体现。它是每一个人从事某一工作岗位最基本也是必须牢记和自我约束的思想指导。同时，它反映着人们对职业的意向、情感、态度及主要观点，贯穿于一个人职业发展的全部历程。

## (二) 职业意识与当代大学生

首先，职业意识作为人们对职业的认识、所持的主要观点，支配、调节着人们的职业活动，影响着工作的态度、开展状况及成效，从而影响着个人的职业生涯发展。其次，职业意识表现为职业敏感、职业直觉，甚至是职业本能的思维过程，影响着个人的职业发展。"三句话不离本行"，是指人的言语离不开他的职业范围。人们总是用职业意识去观察事物，思考问题，并改进工作。职业意识支配和调控着一个人的职业行为和职业活动。大学生的职业意识影响着现在的职业准备、未来的职业选择和职业发展。社会的进步带给职业意识以时代的特点，丰富了职业意识的内容。大学生应当掌握职业意识的基本内容，为职业生涯发展目标的实现奠定基础。

大学生的就业深受其职业意识的影响。面对来自三百六十行的就业机遇，他们有着三百六十个以上的不同选择。究其原因，他们所具有的不同职业意识表现出对于不同职业的观点、看法、情感体验、印象及态度倾向等，影响着职业选择。萝卜白菜，各有所爱。在就业时"各有所爱"的职业选择，其主要影响因素就是职业意识。

## 三、职业意识的培养

职业是实现人生价值的舞台。作为一个在校大学生，在校期间有效地培养自己的职业意识是很有必要的。从业者在特定的社会环境下和职业氛围中，在培训和任职实践中形成的与从事职业密切相关的思想和观念称为职业意识。职业意识是从业人员的根本素质，是一个社会职业者必备的条件，而这对于在校大学生来说更为重要。

(1) 奉献意识的培养。职业意识是作为职业人所具有的意识，也叫作主人翁精神。具体表现为工作积极认真，有责任感，具有基本的职业道德。我们要进一步激发自己的爱岗敬业精神，全面提高无私奉献意识。

(2) 素质意识的培养。素质之于人，犹如水面上的冰山之于整座冰山，原来真正浮于水面的庞然大物只不过是它的小小的角尖而已。决定人成功的不仅仅是技能知识，更重要的是价值观、素质等冰山潜伏在水下的部分。企业全体员工素质意识的总和构成企业文化，而企业文化是指导企业生产和经营活动的基本哲理和观念，是企业的共同思想、作风、价值观念和行为准则，是企业成败的关键。因此，企业对自己员工的素质要求远远要比对员工的技能和专业知识的要求高且严格得多。品质的成熟铸就事业的成功，任何一个伟大的成功者首先都是一个伟大的"人"，要成功，首先就要学会做人，要不断地修炼自己。这就启示我们不仅要提高自己的技能知识，还要培养自己的综合素质。

(3) 团队意识的培养。所谓团队，"团队就是格式化。经过格式化的模式，达到一定默契的队伍就叫团队，否则只能叫乌合之众，是不可能有战斗力的。所以，必须严格地要求，格式化地操作。"单打独斗的英雄主义时代早已经过时了，在很多情况下一个人孤军奋斗的结局总是以失败告终。在这个快节奏的时代，一个人的能力再好也有力所不及的时候。一项工作的完成往往是很多人共同协作的结果。在平时老师布置分组作业时，就应该有意识地极力配合其他同学把作业做得更完善。

(4) 竞争意识。在职业活动中不仅需要竞争，还需要主动合作精神。竞争与协作相伴而生，相离而失。实践证明：一个人的职业活动，总是与一定的职业群体相联系，离不开同行业的支持与协作，特别是在生产力高速发展的今天，职业分工越来越细，劳动过程更趋专业化、社会化，需要加强联合。产业间相互依托、相互制约、相互促进的发展趋势，也要求一个单位内部部门之间、员工之间必须团结。

(5) 自律意识的培养。"自律"是指在社会和集体生活中对法律法规和制度的自我服从。这种服从源自内心，是一种自愿的、自发的甚至是自然的，不需要外在监督就能实现的行为。这是人格、人品及自身形象的真实反映，同时也是对他人、对社会、对公益的一种尊重。我们应该增强自律意识，自觉地践行社会主义荣辱观。

(6) 创新意识的培养。创新意识是一个民族进步的灵魂，也是国家兴旺发达的不竭动力。创新能力其实是一种综合能力，它要求具有强烈的创造欲、敏锐的观察力、准确的记忆力和良好的思维能力。大学生要从传统的中庸观念中解脱出来，对新思想持开放态度，积极思考尚未经检验的假设。创新意识的培养需要深厚的知识积淀，需要用科学的方法进行思考，更需要锲而不舍的毅力。在校期间，大学生应特别注意科学思维的训练，主要是发散性思维方法，即从不同角度、应用不同的方法解决同一问题，研究新情况，揭示新规律，创立新思想，还要培养运用逆向思维和侧向思维等方法思考问题。

(7) 学习意识的培养。大学生这种年龄，智力已趋于成熟。十多年的学习，早已形成了自己的一套学习方法，不能等着老师来手把手地教，好多东西应该自主学习。只有具备自主学习的能力，才能不断地进行技术的创新，适应时代的要求。学习包括更新自己原有的专业知识，掌握新技能，结合各门学科知识来发展和完善自我；不但要"学会"，而且要"会学"，掌握正确的学习方法，把有用的知识转化为自身素质的提高，真正成为时代所需要的高素质人才。

实践证明，职业教育培养必须贯穿于整个高等教育的始终，并与专业教育紧密结合，相互促进。没有正确的职业意识，就不可能有牢固的专业思想，职业意识的培养是前提。"今天学习不努力，明天努力找工作"这句话正好能帮助大学生找到进行职业培养教育的最佳突破口。未雨绸缪是一个很好的习惯，大学生在校期间，必须有意识地培养自己的职业意识，当真正进入企业用人单位的时候才能体现出训练有素的一面，为自己的职业生涯赢得一席之地。而且大学生还要多了解一下自己专业所对应的各类职业的要求和特点，以便能寻找到自己喜欢的职业，有明确的人生目标，从而为自己热爱的职业勤奋学习，早做准备，成就职业理想。

# 第二节　新时代大学生的职业精神

## 一、职业精神内涵

"职业精神"就是指在职业领域内应当提倡的一种思想境界、一种道德风貌。具体地说，所谓的职业精神，就是指一个人在从事一种职业的时候对该职业的一种投入精神和献身精神，就是一个职业人以自己的职业技能为资本投入并从事正当职业，努力服务于客户，让客户得到应有的服务，甚至超值、增值服务，以此作为自己谋生和发展手段的一种精神。

职业精神通常包括以下几个方面的内容：

(1) 职业者，就是从事某一种正当职业的人，也就是以某一种正当职业为谋生手段的人。

(2) 职业的合法性，就是国家法律、法规所允许的职业。

(3) 职业所需要的技能。从事任何一种正当职业都必须具备一定的劳动技能。

(4) 资本的投入。职业人所具有的职业技能是一种人力资本投资的结果。职业人仅以自己的"劳动技能"为资本投入，追求"投资回报"和"投资效益"，不投入其他的资本。

(5) 服务对象。职业人向客户提供的是一种职业的服务，这种服务包括脑力劳动和体力付出，职业人在为客户服务中实现自己的价值。

(6) 服务能力。为客户提供应有的服务是职业人的基本职业道德。

(7) 超值和增值服务。为客户提供超值或者增值服务，是我们提倡职业精神的要点。

(8) 谋生方式。在社会主义初级阶段，劳动还没有成为人们生活的第一需要，还仅仅是一种谋生的方式。职业人就是通过自己为雇主提供 "服务"或者"劳动"获得劳动报酬的，并以此作为自己唯一的谋生方式。

(9) 发展目标。发展是为了更好地生存。职业人的发展就是要通过提高自己的职业技能，逐步达到雇主对自己的认可，从而实现发展的目标。

由此可以看出，职业道德是职业精神的基础。职业道德是对从业者最低的道德水准要求，是每个人都必须遵守的职业行为的道德标准。职业精神是在职业道德基础之上的一个发展，是对从业者在基本行为规范基础之上的一种附加要求。具备职业道德的人不见得一定具备职业精神。

## 二、新时代职业精神的要素构成

时代不同，社会场景不同，精神需求就会不同，精神状态也会不同。依据实践与认识的辩证关系，洞察事物的变化规律是形成对事物认知的基础，而认知是形成职业精神的意识、思维与态度的一个起点。离开认知不可能产生精神，而离开洞察事物的变化规律，就不可能产生认知。因此，洞察事物变化是产生认知，进而形成职业精神的一个核心构成要素。在洞察事物的基础上，精神按照"知、情、意、行"的运行规律，不断重复着经验的思维化与思维的经验化的对立与统一，推动着职业人的实践与认识水平逐步提高。

### 1. "知"通过"规划与控制"实现职业愿景

"知"是对事物"洞察"后的认知。获取岗位、胜任岗位、拓展业务、开创事业是职业人的基本发展逻辑。无论处于哪一个发展阶段，职业人通过职场实践与认识的统一，实现了从感性认识到理性认识的发展变化，对职业形成了一种初步认知或打算。随着实践不断深入，认识也不断成熟，职业目标或理想就会逐渐形成。由于精神具有思维与意志、知与行相统一的自在自为特性，促使职业人为了实现这种职业愿景而展开实践活动。智能化时代的工作是较为完整的、知识和技术含量更多的综合性任务，迫切需要职业人具有整个工作流程或柔性生产线维护、管理、服务的能力与意识，对职业人的规划、协调、控制、服务能力的要求也极大地增强。职业人面对复杂的生产或服务系统，要实现工作目标，就必须由过去配合机器被动地完成工作状态转变为主动进行统筹和规划，并运用现代管理方法做好协调与控制，只有这样，才能保障工作目标顺利完成。在智能化时代，职业人只有通过自觉地进行规划，计划好未来，及时实施计划并做好控制，才能逐步实现职业发展愿景。由于职业场景越来越复杂化，"规划与控制"的重要性越来越凸显，而它恰恰是由"知"出发实现职业目标与职业理想的核心要素之一。

### 2. "情"通过"敬业与守诺"展现对职业的深厚情感

"情"是对事物认知后而产生的情感。职业人经过职业岗位认知，对职业逐渐产生了一种情感，激发出一种从事这种职业的冲动，触发职业人情不自禁地真情投入，展现出一种为了职业而敬业爱岗、诚实守诺的积极心理状态。为此，职业人需自觉处理好两方面关系：一是处理好与职业的关系，能够做到"敬业"；二是处理好与他人和社会的关系，能够做到"诚实、守诺"。"敬业与守诺"是职业人事业发展的重要基础。在智能化时代，岗位内涵更加丰富、岗位责任更加重大，对职业人敬业精神需求更加迫切，因此，敬业精神依旧弥足珍贵，它也是事业发展的一个关键要素。在大数据、万物互联、智能化时代，信息可追踪、可追溯，践行诚实守诺品格尤为重要，它是职业人立身之本，是建立良好工作氛围的基本保障，是个人与社会和谐发展的基本遵循，是社会文明、和谐、进步的基础。"敬业与守诺"是职业人对工作"情"的展现，是职业发展不可或缺的核心要素。

### 3. "意"是为了实现职业愿景而产生的"意志"

"意"是职业人对自己内心的控制与管理，是职业人在对职业产生"情"的基础上，自然而然生发的一种职业愿景，随着这种愿景的不断清晰与明觉，职业人迸发出一种强烈的意向或意志去实现这种愿景。职业发展从来不是一蹴而就的，在智能化时代，岗位知识化、综合化、复杂化、竞争激烈化，极大地增加了工作的难度和压力，对职业人的意志品质提出了更加严苛的要求。要求职业人具备：一是完善的心智，不仅能适应顺境，还能面对逆境与险境，认识与控制自己的情绪，培养积极、乐观的心理习惯与和谐的人际关系；二是忍耐的品格，有韧劲、耐受力强；三是顽强的意志，有拼劲，有不服输、争取胜利的顽强精神。职业人只有积极培育与磨炼这些意志，才能应对未来职业挑战，取得事业进步。否则，半途而废、无功而返就会成为职业结局的真实写照。因此，以"意志"为主要内涵的"意"是实现职业愿景必不可少的核心要素之一。

### 4. "行"通过"创新、反思、团队协同"的实践淬炼以实现预期效能

"行"是指行动意向与行为。"知之真切笃实处即是行，行之明确精察处即是知"，不断进行创新、反思、团队协同的实践与品格淬炼，达到创新与创造的"知行合一"境界，以实现预期目标。创新是实现事业进步与突破的第一动力，那些具有创新思维的人才是智能化社会最为稀缺的资源。反思是变革、应变、思想境界提升的前奏，反思力是一种变革力，既是继承中的革新，又是力图破旧立新。职业人要取得事业进步，必须具备创新与反思的精神品质，它是职业生涯取得成功的核心要素之一。智能化时代组织系统越来越复杂，分工越来越细化，具备协同、跨界合作的团队意识越来越重要，它同样是取得事业进步的一个核心要素。效能是职业理想或愿景的成果表现，职业人通过职业实践不断满足自己各层次物质与精神的需求，从而实现某种效能。因此，"创新、反思、团队协同"是"行"的路径与方法，"效能"是"行"的结果展现，它们共同通过"行"的实践活动，构成职业人实现职业愿景的核心要素。

结合人的职业成长，通过分析智能化时代产业发展对职业精神的内在需求，探索智能化时代职业人职业精神的"知、情、意、行"变化新特征，可以概括出智能化时代职业精神十大核心要素：洞察、规划、控制、守诺、团队、敬业、创新、反思、意志、效能，以及 36 个子维度要素。职业精神十大核心要素是智能化时代职业精神内在需求的浓缩，是职业精神的精华所在。专业不同，职业面向不同，十大核心要素的需求着重点也会有所不同，但总体构成相对稳定完整，它涵盖了职业人精神成长的各个方面。通过职业精神十大核心要素的科学有效培育，促进职业人的职业能力与职业精神融合发展、螺旋式上升，促

使职业人的精神逐步提升到新境界，能力不断提高到新水平，实现由新手、能手、专家到行业领袖的逐步蜕变，取得职业进步与事业成功。

# 第三节　新时代大学生的担当意识

## 一、新时代担当意识的内涵

担当意识作为民族历史的传承，也是新时代发展的需要。面对不断变化着的世情、国情和党情，中国特色社会主义进入新的历史阶段，处于新的历史方位。担当意识作为一种精神特质，应不断发展，与时俱进，并赋予其新的时代内涵。

(1) 担当是一种大局意识。在新时代进程中，国家根据实际情况采取一系列方针政策，大学生应从国家发展的整体大局出发，提高自身站位，体现国家意志，增强政治意识，强化责任意识，展现集中力量办大事的一面，超越人民群众个人和局部的利益，响应国家的号召自觉做好本职工作，承担起国家所赋予的使命与担当，积极主动服务大局。

(2) 担当是一种爱国情怀。爱国主义是中华民族精神的核心内涵，爱国是一种责任和义务。爱国主义情怀深植于中华儿女的血液中，奋斗在社会主义建设前线的人员将自己的命运与国家的命运联系在一起，为了实现他们的使命与担当，甘愿付出自己的生命。在国家最需要的时刻贡献自己的力量，彰显自己的担当，他们就是真正的爱国者。爱国主义情怀是历史的、具体的，大学生应坚持在中国共产党的正确领导之下，立足本职岗位，从自己的生活点滴出发，承担个人和家庭的责任担当，这就是最深层次的爱国。

(3) 担当是一种忧患意识。在进入中国特色社会主义新时代的过程中，我国取得了一系列重大成就和历史功绩，但是，也面临着更多的风险和挑战，这也证明了忧患意识的重要性。忧患意识，其表在担忧，其里在担当，其源在情怀。不仅是国家要采取预警机制，大学生也应具备居安思危的忧患意识，在建设社会主义的进程中，所有成就的获得来之不易，大学生所具备的危机感和忧患感有着深厚的现实基础，这将会促进大学生理性思维的积极转变，从而将这种忧患意识同自己发展与国家的前途结合起来，结合自己的本职作出预知与防范，进而敢于担当，敢于作为。

## 二、新时代培养大学生担当意识的重要性

毛泽东同志指出加强思想政治教育工作的教育原则，把责任担当意识作为教育的重要

培养内容。邓小平同志立足于社会主义建设与改革，提出培养"四有"新人，推进现代化建设。江泽民同志侧重于青年的政治、经济与社会责任。胡锦涛同志要求根据实践需要切实地引导青年责任担当的行动力，成为检验教育体制改革是否成功的重要标准之一。习近平总书记在党的二十大上的报告强调青年强则国家强；指出"当代中国青年生逢其时，施展才干的舞台无比广阔，实现梦想的前景无比光明"；对广大青年提出了"立志做有理想、敢担当、能吃苦、肯奋斗的新时代好青年"的重要要求。党的二十大擘画的宏图盛景，是国家的、民族的、人民的，更是青年的；是青年成长进步、建功立业的大好际遇，更是青年传承历史、开拓未来的神圣责任。广大青年要牢记习近平总书记的嘱托，在党的领导下，以理想者、担当者、吃苦者、奋斗者的姿态，奋进新征程，诠释新青春，创造新业绩！世界文化多元化的发展趋势，各种文化传入中国，影响着人们的思想价值观念。"青年一代有理想、有本领、有担当，国家就有前途，民族就有希望"。

新时代大学生受多元文化与思潮等各方因素的影响，加之理想信念还未完全成形与成熟，一些青年容易扣错人生的第一颗扣子，不坚定、易动摇、做错事。部分大学生缺乏反思，逃避现实，心理承受力弱，易受外界影响等；还有部分大学生既不努力用知识充实自己，也不努力提高自身的能力，归根结底还是因为自身本领不过硬。因此，新时代大学生要坚定理想信念。近年来，随着我国教育体制改革的不断深入，相关教育部门愈发重视大学生的责任担当意识与能力的培养，尽量减少负面因素给大学生造成的一些认知上的错误。

## 三、新时代大学生担当精神的培养路径

担当是时代新人凝心聚力的精神密码。培养大学生的"担当"精神，助力其成长为时代新人是一个系统性工程，需要统筹谋划，加强顶层设计，多方面整体推进担当精神的养成。

### (一) 营造担当环境

环境是培养时代新人担当精神的重要场域，其好坏会在潜移默化中影响时代新人的成长。鉴于此，应实现家庭教育、学校教育、社会教育三维共建，共同营造助推时代新人担当精神养成的良好环境。

其一，家庭教育是培养时代新人担当精神的第一关。家长要以言传身教和家风的道德教化为时代新人的成长打好基础。一方面，以言传身教影响时代新人。家长是孩子成长路上的启蒙导师，家长的日常行为方式会成为孩子模仿的范例。为此，家长必须身体力行，在家庭教育中树立担当的榜样，使大学生从小在耳濡目染中养成知行合一的担当精神；另一方面，以优良家风滋养时代新人。"家庭是社会的基本细胞，千千万万个家庭的家风好，

子女教育得好，社会风气好才有基础。"良好的家训、家风等"家文化"元素能够以行为准则的方式，规范、滋养大学生，使其担当精神得以养成。

其二，学校教育是培养时代新人担当精神的主阵地，要发挥大思政课"引导青年正确认识发展大势、增强使命感和责任感的必修课"的育人功效。首先，学校要加强教师品德的提升。在大中小思政课一体化建设的新背景下，学校要建设一支质优量足、结构优化的教师队伍，并善用大思政课引导大学生，在教学实践中循序渐进地培养大学生的担当意识。其次，学校要转变传统的教育方式。比如，从小学阶段思政课开始，就有意识地调动学生在课堂上自我表现的积极性和主动性，为将来成为时代新人奠定基础。最后，学校要加强符合自身特色的思想政治理论教育。在强国之路上，学校要充分发挥教学环境和氛围的特色优势，引导大学生学理明智，立志成为新时代国之栋梁。

其三，社会要为培养时代新人担当精神提供必要的辅助手段。首先，要塑造崇德向善的社会风气。社会风气是人们精神面貌和道德意蕴的外在表现，体现出一个民族、一个国家的价值观念。比如，监管部门要依法加强网络空间治理，为大学生营造良好的网络环境。其次，法治和德治协同发力。要发挥法治和德治双向功效，谴责或惩治不敢担当、不想担当的行为。此外，还要在社会上大力弘扬担当主旋律，宣传勇于担当、善于担当的道德模范人物，以此强化道德的教化作用。最后，要发挥主流媒体的引导作用。当下迅猛发展的新媒体已经深刻影响到大学生的价值观走向，国家和社会相关部门要进一步增强主流媒体的话语影响力，使大学生崇尚担当，主动在社会历练中提升担当能力。

### (二) 铸牢担当意识

李大钊先生曾"铁肩担道义"，发出"以青春之我，创建青春之国家、青春之民族"的至理名言，以此让青年人意识到自身力量的强大，唤醒其救国意识，担当起救国家于水火的重任。

其一，弘扬中华优秀传统文化。首先，激发担当意识。当下外来文化的流入使得民众尤其是大学生对中华优秀传统文化的认同度下降。鉴于此，帮助大学生厘清文化红线，有助于激发其乐于担当、勇于奉献的意识。其次，挖掘担当元素。深挖中华优秀传统文化中具有担当元素的核心理念，以家国情怀、奉献精神教育大学生，催化其担当情感。最后，弘扬担当品行。古代圣贤身体力行践行担当的事例数不胜数，将其作为教育素材，能够在自身文化领域内加深大学生对担当精神的理解，铸牢担当意识。

其二，厚植中国革命文化中的担当资源。革命文化是爱国主义精神的载体呈现，也是传达中国共产党人担当精神的重要文化资源。首先，加强革命理论学习。马克思主义作为"真经"，是中国共产党人一步步赢得历史革命胜利的重要理论武器。要引导大学生深入学习马克思主义理论，在新发展格局中铸牢担当意识，举好民族复兴大任的旗帜。其次，树立革命英雄榜样。革命英雄主义精神是砥砺民族复兴的重要力量，是时代新人在面对百年未有之大变局时攻坚克难的精神之钙。弘扬革命英雄舍己为公的担当精神，引导大学生在榜样模范的带动下巩固担当意识。最后，弘扬伟大建党精神。建党精神是党在长期革命中深刻把握历史规律的精神伟力。以伟大建党精神激发大学生的情感认同，从而在内心深处扎根担当意识。

其三，提升社会主义核心价值观认同。社会主义核心价值观要突出强调实践导向。首先，立足个体品行修养。在"爱国、敬业、诚信、友善"的价值行为准则下，加强对大学生爱国主义教育和传统美德教育，注重在个体担当中追求真、善、美的道德品行，为培养时代新人奠定品德基础。其次，提升社会理性认知。立足"自由、平等、公正、法治"的社会要求，普及人人平等理念，营造社会公平正义环境，加强社会主义法治教育，以此凝聚大学生的社会担当共识。最后，践行国家富强目，对标"富强、民主、文明、和谐"的强国目标，在全面深化改革进程中厚植家国情怀，明晰担当职责。

### (三) 提升担当本领

"青少年阶段是人生的'拔节孕穗期'，最需要精心引导和栽培"。提升学生的担当本领，要充分把握其成长特点，通过改进教育方式、加强挫折教育、激发主体意识等方式落实铸魂育人的"路线图"。

其一，改进教育方式。大学生是一个思想活跃的群体，要有针对性、有计划性地采用多种顺应大学生发展特点的教育方式提升其担当本领。首先，注重引导式教育。相比较于幼年时期，处于青年时期的大学生认知方式更趋于成熟，对事物具有自我判断力，有必要根据大学生的社会角色，以引导的方式提升其担当民族复兴大任的代入感。其次，注重针对性教育。随着世界一体化进程的加快，在各国思想文化相互碰撞中，大学生意识形态出现被消解的现象。鉴于此，有必要有针对性地引导大学生提升辨识能力，解决存在的显性和隐性思想问题。最后，注重生活化教育。担当意识的养成凝聚于日常生活之中，时代新人的培养应在落细、落小、落实上下功夫。鉴于此，有必要培养大学生的细节意识，以生活化教育为练就大学生的担当本领赋能。

其二，加强挫折教育。在全面深化改革的新发展阶段，大学生面临的是我国涉及范围最广、力度最大的攻坚克难期，需要大学生在改革浪潮中敢于啃硬骨头，敢于涉险滩。首先，创设挫折情境。家庭、学校和社会三向发力，聚焦日常生活、学习和社会交往等方面，让大学生在感受挫折、体验挫折的过程中明晰挫折来源、探析解决途径。其次，宣讲挫折故事。通过广泛开展名人演讲活动，宣传模范人物故事，引发大学生的情感共鸣，教育大学生在成长过程中直面挫折，勇担使命。最后，调节挫折心理。通过开设疏导挫折心理课堂，加强大学生自我心理调节机制教育，使大学生养成顺境不喜、逆境不悲的心态，在担当使命中勇于直面挫折。

其三，激发主体意识。大学生不应被束缚在象牙塔之内，做温室里的花朵，而是要树立投身社会建设的主体意识，争做寒冬里的傲梅。一方面，发挥共青团的动员作用。共青团是中国共产党联系大学生的重要桥梁。党的十九届五中全会要求共青团在"十四五"新征程中发挥其动员作用，引导大学生与祖国共同奋斗，为国家发展担当青春主力；另一方面，提供多样化的政治参与渠道。大学生的主体意识增强，要求以主人翁的身份为社会主义建设建言献策。党和国家要顺应这一潮流，鼓励大学生担当政治使命并加强法律引导，为大学生划定红线、标定红区，提升担当本领。

### (四) 养成担当行为习惯

学思践悟体现了认识、实践、再认识的过程，培养时代新人担当精神，既离不开个体质的提升，也离不开在实践中担当习惯的养成。

其一，扎实的学识有利于提升个体素质，进而帮助大学生在社会中找准自身定位。首先，要加强个人专业知识素养。大学生要深刻领悟习近平总书记知青岁月的七年之"勤苦"，在学好马克思主义理论的基础上，主动适应社会发展需要，以提升专业知识和专业水平为目标，练就专业实践能力，避免在社会建设中出现心有余而力不足的境况。其次，加强个人综合知识素养。改革创新是当代中国最突出、最鲜明的特点。基于此，学校应大力推动综合素质教育，培养全能型和创新型人才，以期在未来发展战略中充分占据的人才优势；要鼓励大学生进行多学科交叉式学习，开拓创新思维，提升创新意识。最后，要加强大学生的体育教育，文明其精神，野蛮其体魄，以坚强的意志和强健的体魄担当起祖国赋予的重任。

其二，社会实践是培养担当精神的第二课堂，有助于大学生在知识的具体应用中深化对担当的理解，进而萌生自觉担当的意识。首先，在社会实践中启发担当意识。通过参加社会实践活动，有助于大学生在了解社会的同时，认识和把握世情、国情，从而调动起他们担当的积极性，形成对担当的理性认知。其次，在社会实践中坚定大学生的担当信念。例如，在"三下乡""四进社区"等社会实践活动的磨砺下，激发大学生的内在潜能，促使其在解决问题中汇聚担当元素，树立成才为国的坚定信念。

最后，在社会实践中巩固担当行为。社会实践是人的情感认知升华的重要途径，通过加强大学生投身西部大开发、三支一扶、边远支教团等社会实践的力度，引导大学生转变社会角色，深刻领悟担当精神。

担当精神是推动中华民族实现伟大梦想的精神动力，是时代新人特有的精神品质。培养时代新人的担当精神，有利于在社会中营造人人重视担当的氛围，为大学生在新的历史方位中找准定位，在民族复兴的道路上绘就青春华丽的担当图景。

# 活 动 与 训 练

活动主题：职业精神的培养

活动形式：观察、研讨

活动要求："凡职业没有不是神圣的，所以凡职业没有不是可敬的。"带领学生深入街道等基层，通过观察环卫工、养老院服务岗位的工作，深刻理解职业不分贵贱的精神内涵。

# 课 后 反 思

1. "士不可以不弘毅，任重而道远。"请结合自己的专业谈谈你的理解。
2. "经世济民、诚信服务、德法兼修"的经管类专业学生的具体要求是什么？
3. 谈谈你对"时代的性格就是青年的性格，时代的精神就是青年的精神。"的理解。

## 补充阅读材料

### 数据绘制当代大学生的精神图谱

"五四"前夕，新华网记者走进 100 所大学，对近 2000 名不同专业、年龄、生活背景的大学生进行采访和问卷调查，通过调查数据和采访交流绘制出新时代大学生的精神图谱：爱国、自信，发自内心地认可和热爱祖国，被称为中国骄傲的"自来水"；青春、奋斗，希望"所有梦想都开花"；使命、担当，砥砺前行在实现中华民族伟大复兴的追梦路上。此次调查，覆盖包括北京大学、清华大学、浙江大学、西安交通大学、华南理工大学、海南师范大学等在内的全国 20 多个省区市 100 所高校的 1957 名大学生，其中"00 后"成为调查主体，占比 60%，"95 后"占 35%，"90 年到 94 年"占 5%。他们之中，有的本科期间参军入伍，有的曾赴贫困地区支教，有的参加过亚丁湾护航……当然更多的是在学校努力学习，蓄积力量。我们看到，青春、爱国、奋斗、自信、时代、梦想等成为大学生群像的关键词，同时压力、困惑等也位列其中，这些高频词共同绘就了新时代大学生的精神图谱。

一、爱国是最深沉的"底色"：理性、务实，自豪感强烈

新时代大学生富有强烈的爱国情怀、国家自信和民族自豪感。他们在成长过程中享受着改革开放的红利，感受着国力的强盛，对国家模式、发展道路的认同度高，对国家发展

成就倍感自豪。94.31%的受访者表示"热爱祖国，具有较为强烈的爱国主义意识"；90.04%的受访者表示"对国家未来发展充满信心"。"中国未来发展会越来越好，中国在国际上越来越受尊重""爱国绝不是一种无意识的冲动，而是深深的懂得""爱国首先要理性，从自己做起"等成为这一代大学生的普遍心声。正如他们的老师所说，这一代年轻人特别是"00后"，不管平日里如何天马行空，一谈到国家，就会立刻认真起来，他们认为没有理由不去热爱自己的祖国。

二、自信是最鲜明的"基因"：我的青春我做主，用奋斗追逐梦想

"自信"是新时代大学生最显著的特征之一。他们首先对自己的能力充满信心。数据显示，80%的受访者认为"自己具备某一方面的才能和优势"，74.96%的受访者表示"面对日新月异的世界，已经准备好了"。不少大学生每年寒暑假都去参加社会实践，只为"积累经验，适应未来"。

三、时代是最丰厚的"沃土"：互联网原住民，选择更加多元

互联网为新时代大学生烙下深刻印记。他们自带网络基因，拥有个性需求，"二次元"文化、动漫、游戏等是他们的兴趣所在；"打 call""666""扎心了"等网络流行语是他们的话语符号。55%的受访者表示"互联网对自己影响较大"，43%的受访者表示"喜欢做真实的自己"。有受访老师表示，互联网打破了知识获取的时空限制，使大学生的思想和行为呈现出诸多时代特征。

四、传承是最坚固的"纽带"：赓续五四精神，奉献青春之我

数据显示，98.79%的受访者认为"五四精神永不过时"，92.74%的受访者认为"新时代大学生应该具备集体意识与责任担当"，84.98%的受访者认为"大学生要坚持对真理、进步的不懈追求"。北京大学学生张栋杰说，新时代需要努力奋斗，一是为个人有更好的成长和发展，二是为时代变得更好，国家变得更强。对于五四精神的意义，91.85%的受访者认为"是激励大学生不懈奋斗的精神支柱"，91.55%的受访者认为"能增强爱国意识，铭记使命，服务国家"。

"一代人有一代人的奋斗，一个时代有一个时代的使命。"新时代大学生早已把理想抱负熔铸在脚踏实地的奋斗中。受访的近2000名大学生各具个性、各有色彩，但他们的共同特点是心中有梦想，肩上有责任，脚下有力量。他们用奋斗这个最为朴素的方法论让家国情怀落地。

# 第五单元

# 工匠精神和技能型人才

【周恩来总理说劳动】

"培养技术人才是我们国家建设的关键""要多方面培养人才""正确使用人才"

——《周恩来经济文选》，中央文献出版社 1993 年版，第 160 页。

## 学习指南

本单元主要介绍工匠精神的内涵、职业精神和职业价值，通过阐述技能竞赛与工匠成长，引导新时代大学生树立工匠精神。通过学习理解工匠精神价值论，弘扬工匠精神，培育大学生执着专注、精益求精、一丝不苟、追求卓越的工匠精神。

## 课程标准

| 考核标准点 | 具 体 内 容 |
|---|---|
| 知识 | 1. 深入理解工匠精神，了解职业精神和职业价值的关系<br>2. 理解新时代工匠精神的意义<br>3. 学习理解新时代技能竞赛与工匠成长的历程 |
| 技能 | 1. 能够理解工匠精神<br>2. 能够懂得职业精神和职业价值的关系<br>3. 能够积极参加技能竞赛 |
| 态度 | 1. 学习工匠精神，弘扬工匠精神<br>2. 认同开展技能竞赛 |

## 📲 导入案例

### 讲好"指尖上的金融故事"

"点钞男孩"毛弘历 2023 年获得了"全国五一劳动奖章"称号,他来自中国光大银行南京分行辖属常州分行,是一位"90 后"青年党员。他在《挑战不可能》上以"三分钟豪眼手动点钞 882 张"的成绩刷新了吉尼斯世界纪录,在《中国达人秀》上以手工点钞的特殊方式呈现了"国家名片"人民币的风采。正因为坚守初心梦想、传承匠心精神,他才能持续超越自我"挑战不可能",才能将"指尖上的金融故事"讲得更加出彩。

在采访中,当记者问到如何理解劳模精神、劳动精神、工匠精神的内涵时,毛弘历说:"习近平总书记在致首届大国工匠创新交流大会的贺信中,号召'我国工人阶级和广大劳动群众要大力弘扬劳模精神、劳动精神、工匠精神'。我的理解是,劳模精神就是要敢为人先,劳动精神就是要勤学苦练,工匠精神就是要精益求精。"

"劳模精神、劳动精神、工匠精神的火种在我心中生了根,永不磨灭。"作为"全国五一劳动奖章"获得者,毛弘历希望能将这样的精神"火炬"传递给更多的人。自从成为毛弘历劳模(工匠)创新工作室的领衔人以来,他就坚持精神与技艺"双传承",打造培养人才的"孵化器",营造提升学习业务、练好技能、提高效率、优质服务的浓厚氛围,将自己对金融事业的热爱播撒出去,让越来越多的人爱上金融、扎根金融、耕耘金融。他专门总结了"分解、组合、完整、重复、负荷、应变、心态、竞赛"技能"八大训练法",辅以"坐姿、工具、动作、频率、心态——五定位""脑、手、眼、耳——四合一"的练习要求,为专业化培训、精细化指导提供理论和实践支撑。三年来,工作室已累计组织培训 52 场 450 人次,其中 69 人次获光大银行一、二级服务能手,"毛弘历劳模(工匠)创新工作室"也成为交流技艺、传承精神的一张特殊名片。

毛弘历对记者表示,作为许许多多先进模范人物中的一名"新兵",同时也是新时代的金融青年,他坚信在光大银行这样一个阳光向上的大家庭里,只要坚持用心去做,就能发出熠熠光芒。未来,如何担起时代赋予的重任,为劳模精神注入新能量?毛弘历给出的答案是争当岗位先锋,奉献青春年华,做新时代的奋进者、开拓者,践行金融为民、金融报国,在新的赶考路上以实际行动交出"强国有我"的青春答卷。

## 第一节　工匠精神和职业价值

### 一、工匠精神概述

西方的工匠精神起源于中世纪的行会制度,而中国的工匠精神来源于农耕文明时期的四大发明和庖丁、鲁班等优秀工匠文化的传承。从传统意义上讲，一谈到工匠精神，人们自然会想到德国、日本等高端制造业国家对产品的精雕细琢、对制造的精益求精，其工匠精神主要体现在产品制造过程中。而从现代意义上讲，随着平等、开放、协同、共享的互联网精神的深入，企业内的去中心化、企业间的无边界化、产业内的网络生态及行业间的互联互通得以实现，工匠精神在产业内从制造环节向前、向后延伸至研发、制造、营销、物流、服务的每一环节，在产业间从制造业延展至商业、金融业、服务业乃至社会的各行各业。例如，在日本，从拉面师傅、寿司店老板到顶级设计师、大文豪、大艺术家都称其为巨匠。也就是说，工匠精神不仅体现在物质生产领域，而且也体现在非物质生产领域。

　　"工匠精神"对于个人，是干一行、爱一行、专一行、精一行，务实肯干、坚持不懈、精雕细琢的敬业精神；对于企业，是守专长、制精品、创技术、建标准，持之以恒、精益求精、开拓创新的企业文化；对于社会，是讲合作、守契约、重诚信、促和谐，分工合作、协作共赢、完美向上的社会风气。

## 二、职业价值

　　职业价值又叫作职业营养价值，是指从事于某方面工作能够体现出或通过职业本身能够表现出人的自我价值。党的十九大报告中提出"弘扬劳模精神和工匠精神，营造劳动光荣的社会风尚和精益求精的敬业风气"。工匠精神是一种对工作精益求精、追求完美与极致的精神理念与工作伦理品质，它包含了严谨细致的工作态度，坚守专注的意志品质，自我否定的创新精神以及精益求精的工作品质。这些优秀的精神品质，在今天仍然具有重要的社会价值。

　　工匠精神是工业制造的灵魂体现。历史经验表明，当今世界工业制造强国的发展，与他们对工匠精神的重视密切相关。细节无小事，对每一道工序的专注是工匠一生的骄傲，这正是那些"百年老店"骄傲和留存于世的奥秘所在——耐心、专注、坚持，洗尽铅华，平静却充满力量。众所周知，德国是当今世界最重要的工业强国之一，其产品以精密优良著称于世，"德国制造"已成为闻名于世、享誉全球的美称。之所以会有这样的美称，得益于德国的"工匠精神"。这也是百年"德国制造"所传承下来的精髓和经久不衰的秘密。"德国制造"的华丽蜕变离不开科技创新、严谨规范的标准化、质量认证体系和人才的培养，但归根结底来自于"工匠精神"。

　　李工真在《德意志道路》一书中总结称，近两百年来的德国现代化道路，从外部看，是一条技术兴国、制造强国的道路；从内部看，支撑这一道路的是"工匠精神"对技术工艺的追求远远超越了对利润的角逐。名牌产品的创立、工业制造强国的形成，在很大程度上归结于工匠精神的功劳。没有最好，只有更好，将每个产品的每个细节尽可能地做到极致，始终不渝地追求一种完美至善的理想状态，这就是优良制造形成的关键所在。

工匠精神有助于工作主体的自我价值实现。传统的工匠虽然也从事制作活动，但那并不是一般人所认为的一项简单机械的日复一日的重复性体力劳动，而是一种持续性的创造过程，是一个不断对技艺、产品进行提升完善的过程。他们的制造活动是建立在自由精神基础之上的，正如弗洛姆在《健全的社会》里所说："工匠可以随意左右自己的行动。因此，工匠可以从工作中学习，在劳动过程中使用并发展自己的能力及技能。"正是这种具有创造性特征的工匠精神造就了一批杰出人士。

以工匠的态度来做事，工作就不再是一件不得不做的痛苦事情，而变成了一种忘我的投入。工作本身就是生命的外在表达。自我的价值存在于自己双手所能控制的作品中，不依赖于其他外力，因此，在工作过程中才能够获得真正的满足感。不论是中国制造、中国创造，还是中国智造，核心都是人，因此，工匠精神就是要让从事制造的生产者树立并强化精雕细琢、精益求精、追求完美和极致的"匠心理念"，形成强烈的职业自豪感，实现自身的价值，为社会作出应有的贡献。

中国制造急需工匠精神的价值体现。随着互联网技术在制造业、服务业等领域的广泛运用，世界工业格局面临着重大调整的历史机遇，西方发达国家纷纷加强了在高精尖产业方面的研究。我国也提出力争在未来十年实现由一个工业大国到工业强国的转型。这一伟大目标的实现，关键在于从根本上提升中国制造的质量，然而中国制造的困境问题也正在于此。

我国号称"世界工厂"，几乎可以生产世界上绝大部分产品，但制造业却存在着大而不强、产品档次整体不高、自主创新能力弱等问题。要实现目标和任务，从"制造大国"变为"制造强国"、从"中国制造"转向"中国智造"，尤其需要培育和弘扬"工匠精神"。世界名牌产品百年不衰的历史经验告诉我们，只有在工作中始终坚持工匠精神，以追求完美与极致为目的，不断精雕细刻、精益求精，才可能赢得大众最终的信赖，工业强国的梦想才有可能实现。

# 第二节　新时代的工匠精神

## 一、工匠精神的内涵

新时代工匠精神是指在当代社会背景下，具有工匠精神特质的一种思想、文化和价值观念，是一种新时代下对工匠精神的传承和升华。其内涵主要包括追求卓越、创新精神、传承精神、注重细节、追求完美及团队精神，具体包括以下方面：

(1) 追求卓越：新时代工匠精神倡导工匠精神者要追求卓越，不断挑战自我，努力将自己的技艺和产品做到最好，永不满足于现状。

(2) 创新精神：新时代工匠精神注重创新，不断探索新的技术和方法，寻找创新的解决方案，推动工艺和技术的进步。

(3) 传承精神：新时代工匠精神强调传承，将工匠精神传承给后人，保持技艺和文化的传统，发扬民族精神和传统文化。

(4) 注重细节：新时代工匠精神认为，细节决定成败，注重细节是工匠精神的重要表现，只有注重细节，才能做出精致的产品。

(5) 追求完美：新时代工匠精神追求完美，要求在制作产品时，做到精益求精，追求极致的完美，永不妥协。

(6) 团队精神：新时代工匠精神强调团队精神，要与他人合作，相互协作，实现共同的目标，从而推动企业的发展。

## 二、新时代培养大学生工匠精神的意义

新时代工匠精神在人才培养方面的意义就在于我们要在新时代，持续地把这种干一行爱一行、精益求精、追求卓越、精雕细琢的工匠精神传承和推广下去，尤其是在技能培训类型的学习中，应该高度重视从多维度和多角度提升学生的技能水平。

新时代倡导的工匠精神更具时代意义和时代价值，新时代工匠精神的培养应该与时代结合，与经济发展和科技强国结合，与实现中华民族的伟大复兴结合，把精益求精、追求卓越、精雕细琢的工匠精神融入不断自我突破、自我创造的实践中，培养品质优、技能强的技能型新时代工匠。

培养新时代工匠精神不仅仅体现在手工艺技能的培养方面，更多的是一种态度和观念的培养，将新时代工匠精神融入本职工作中。深层次的新时代工匠精神应该是体现在一个人、一个行业日常工作的方方面面，是能够把精益求精、追求卓越、精雕细琢的精神切实地融入生活和工作的点滴之中，是对待每一天的工作都细致入微、认真负责的态度，是能够用匠心精神对待每一节课堂教学、每一份工作报告、每一项工作任务，是人不知而不愠的良好心态，是不论自己身处何职都能用一颗平常心对待他人、对待工作并愿意向后辈展示和传承技艺的态度。

工匠精神也是新时代劳动模范爱岗敬业、精益求精、追求卓越的精神品质和价值导向的集中体现，是对新时代劳模精神的深化和丰富发展，是助力中华民族伟大复兴，实现中国梦的必然路径。

### 三、新时代大学生工匠精神的培育路径

大国崛起，匠心筑梦。一批又一批坚定卓越、勇于奉献的能工巧匠们，为社会主义建设事业作出了杰出贡献。其中，投身梦想的青年工匠们更是为新时代技能人才队伍注入了新的活力，以精雕细琢、精益求精的工匠精神，为青年人树立榜样。总体上来说，可以按照以下路径强化新时代大学生工匠精神的培育：

一是要把工匠精神融入校园文化建设中，发挥文化育人无声的作用。工匠精神的精髓在于执着专注、精益求精、一丝不苟、追求卓越。高等院校在校园文化建设中，要从办学理念、大学精神、校风校训的总结提炼等方面入手，将工匠精神的内涵融入其中，构筑起强有力的精神支撑。要在校园环境的布设中融入工匠精神元素，比如打造工匠文化长廊、大国工匠事迹宣传橱窗、精品工程展示栏等，让校园一景一物都能体现工匠精神，让学生在校园内能够潜移默化地接受工匠精神的熏陶。

二是创新活动载体建设，让工匠精神在校园内落地生根。高校要着力打造一批品牌活动项目，创新养成教育的载体建设，让工匠精神培育与学生的成长成才有效贯通。如开展"大国工匠进校园"活动，邀请与学校行业相关的企业劳模工匠走进校园，与大学生面对面座谈交流，分享个人成长故事，增强工匠精神教育的感染力和针对性；开展校园技术技能榜样评选活动，选出大学生身边工匠精神传承的典型人物，让工匠精神触手可及；结合学校办学专业，成立具有专业特色的学生社团，引导学生通过开展社团活动，体验工匠精神，弘扬工匠精神。

三是突出专业教育特色，让工匠精神覆盖学生教育全过程。学科专业教育的特点和优势在于强化实践引领，高校要抓好学生实习实训的黄金档期，通过联合校企合作单位，在学生认识实习、顶岗实习等环节，融入工匠精神的培育。专业课教师在授课过程中要注重进行工匠精神的教学内容设计，企业要为参加顶岗实习的学生选配好校外企业导师，从企业的视角为学生上好工匠精神教育课。此外，学校还可以通过寒暑假组织学生开展"三走进""三下乡"活动，让学生走进企业、走进生产一线，近距离感受工匠精神，增强弘扬工匠精神的自觉性、主动性。

四是强化网络宣传阵地建设，让工匠精神理念深入学生心田。在全媒体时代背景下，大学生的学习、生活与网络联系更加紧密。高校要充分发挥网络宣传阵地的重要作用，用好新媒体新技术，将工匠精神通过网络平台进行更加生动、更加鲜活的宣传展示。如通过打造学校、二级学院新媒体矩阵平台，形成宣传合力；依托优秀校友资源，打造校友谈工匠精神特色栏目，用校友的成长故事和优秀事迹教育学生，引导学生加强专业学习和实践训练，练就扎实的专业技能，为实现人生价值、报效国家、奉献社会奠定坚实基础。

## 第三节  技能竞赛与工匠成长

### 一、职业技能竞赛

职业技能竞赛和职业人才评选表彰是激励广大技术工人努力钻研技术业务，提高劳动者整体素质的重要策略，对树立优秀技术工人，也就是现代化建设重要人才的科学人才观，提高技术工人的地位，形成全社会尊重技能、尊重技能人才的社会氛围具有重要作用。其主要意义体现在以下几个方面：有利于提高技术工人的社会地位；有利于调动广大工人钻研技术业务的积极性和创造性，促进工人队伍的稳定；有利于推动职业培训的广泛开展，促进工人队伍素质的提高；有利于促进企业经济效益的提高。

开展职业技能竞赛活动是激发广大劳动者学技术、学技能的有效手段，是向全社会展示技能人才高超技艺的重要方式，是体现劳动最光荣，行行能成才的圆梦舞台，是优秀技能人才脱颖而出，充分展示劳动贡献和实现自身价值的一个重要途径。各类院校技能大赛以项目为依托，提出了本专业学生应该具备的知识素质、能力素质和职业素质，体现了市场和企业对本专业学生的要求。因此，职业技能大赛是学校教育改革的风向标，是不断完善"工学交替、校企融合、优势互补、资源共享"的人才培养模式的推动力。

经初步梳理，适合经管类学生参加的科技竞赛大致有以下项目(不同省份有差异)：

(1) 全国大学生电子商务"创新、创意及创业"挑战赛；

(2) 全国大学生物流设计大赛；

(3) 外研社全国英语演讲大赛；

(4) 外研社全国大学生英语辩论赛；

(5) 外研社全国英语写作大赛；

(6) 外研社全国英语阅读大赛；

(7) 全国大学生创新创业训练计划年会展示；

(8) 全国大学生市场调查与分析大赛；

(9) 中国大学生服务外包创新创业大赛；

(10) 全国大学生信息安全竞赛；

(11) 全国高校商业精英挑战赛；

(12) "学创杯"全国大学生创业综合模拟大赛；

(13) "移动互联+旅游创意"全国大学生旅游创意大赛；

(14) "创响江苏"大学生创业大赛；

(15) 城乡社会综合实践调研报告竞赛、城市交通出行创新实践竞赛、城市设计竞赛；

(16) 江苏省大学生创新体验竞赛；

(17) 全国大学生审计精英挑战赛；

(18) 全国大学生财务决策大赛；

(19) 全国跨境电子商务技能竞赛；

(20) 江苏省高校"互联网+"商务谈判大赛；

(21) 全国移动商务技能竞赛；

(22) 江苏省大学生职业规划大赛；

(23) 江苏省普通高校"知链杯"大学生金融科技应用技能竞赛；

(24) iCAN 全国大学生创新创业大赛；

(25) 全国大学生数智化企业经营沙盘大赛；

(26) 全国高校市场营销大赛；

(27) "科创江苏"创新创业大赛；

(28) "学研汇智杯"全国高校商务英语综合能力大赛；

(29) 江苏省"精创教育杯"大学生人力资源管理技能挑战赛；

(30) "外教社杯"全国高校学生跨文化能力大赛；

(31) "高教社杯"全国商务英语实践大赛；

(32) "外教社·词达人杯"全国大学生英语词汇大赛；

(33) 江苏省大学生"乡村振兴"文化创意作品大赛；

(34) 江苏省大学生网络文化节；

(35) 全国大学生房地产经营管理大赛；

(36) 全国大学生房地产策划大赛；

(37) 全国大学生人力资源管理知识技能竞赛(精创教育杯)；

(38) 全国大学生"用友杯"沙盘模拟经营大赛；

(39) 全国商科院校技能大赛国际贸易竞赛；

(40) 全国旅游院校服务技能(导游服务)；

(41) 全国旅游院校旅游创意大赛；

(42) "萌番姬杯"国际大学生农业创新创业大赛；

(43) "一带一路"暨金砖国家技能发展与技术创新大赛；

(44) "亿学杯"全国商务英语实践技能大赛；

(45) CMAU 全国大学生市场研究与商业策划大赛；

(46) 跨境电商专业能力大赛；

(47) 全国职业院校跨境电商技能大赛。

图 5-1 为江苏某高校审计学专业学生在老师的指导下参加"福思特杯"全国大学生审计精英挑战赛现场(线上)。该校一直很重视学生的专业技能训练，通过赛教融合，以赛促学，促进学生学习成长；以赛促教，提升教师的专业水平，逐步形成了该专业的办学特色。

图 5-1 某校 2022 年"福思特杯"全国大学生审计精英挑战赛参赛现场

## 二、吉林省技能型大国工匠的培养案例

据全国职工队伍状况调查，2022 年底，在全国 7.7 亿就业人员中，技术工人数量为 1.65 亿人，占就业人员 20%，其中，高技能人才 4700 多万，只占就业人数的 6%。据全国职工队伍状况调查显示，无技术等级的职工比例为 72.8%，没有专业技术职称的比例达 61.3%，有高级职称的职工仅为 4.5%。在非公企业、小微企业，技术工人更是严重匮乏。可见，以工匠灵魂之道，涵养劳动者的技能传承绝非无稽之谈，而是现实之需。

近年来，吉林省积极探索尝试，初步建立健全了工匠的成长机制、激励机制、服务机制以及管理与评价机制，以此畅通人才上升渠道，全方位为工匠成才铺路搭桥，通过对技工人才发展规律的科学诠释，使其主观能动性被充分调动，创新潜力和创造能力被充分挖掘。

2017 年，经吉林省委批准，在全省开展"吉林工匠"评选表彰活动。目前，已连续开展了三届，李万军、罗昭强等 30 名高技能人才脱颖而出，当选者享受省级劳动模范待遇。同时，人社、财政等部门积极推动工匠工资福利待遇制度政策的探索创新，鼓励用人单位在职工津贴、技能等级评审、岗位聘用等方面向"吉林工匠"倾斜，让获评者名利双收，从而在全社会营造出了更为浓厚的"崇尚技能、学习工匠"的对标先进、见贤思齐氛围。

2018 年 7 月，吉林省总工会与东北工业集团合作共建"吉林省精益工匠培育示范基地"。省总工会分期投入资金，用于基地及配套建设，双方共同进一步加强对基地培训工作的组织领导，开展学员选拔、教学管理等，通过强强合作增加和扩大人才集聚效应，实现 1 + 1 > 2

的最佳效果，让工匠技艺薪火相传、次第绽放。

新时代，中国正从制造大国到制造强国、从中国制造到中国智造华丽转身。时代决定使命，使命呼唤担当。塑造有新时代灵魂的大国工匠，必将为决胜全面建成小康社会、夺取新时代中国特色社会主义伟大胜利、实现中华民族伟大复兴的中国梦助力加油！

## 活 动 与 训 练

活动主题：讲劳动故事，展劳动精神

活动形式：情景剧

活动要求：

1. 以"劳动教育"学习小组为单位参加比赛。

2. 各小组自行设计或选定与劳动教育相关的情景剧主题，每一场情景剧的时长为10～15分钟。

3. 小组内成员从剧本撰写到角色分配等工作采取自由分工，但每位成员的劳动付出均要有所体现。

4. 情景剧表演过程中所需道具，各小组及小组成员自行制作。

5. 评委小组评审时需客观公正。

6. 评出一等奖1名、二等奖2名、三等奖2名，并颁发获奖证书。

7. 比赛结束后，以小组为单位总结准备比赛、参加比赛和比赛后的心得体会。

8. 根据比赛结果和嘉宾评委的点评修改完善剧本，并将最终剧本上交给劳动教育指导教师或上传至网络教学平台。

## 课 后 反 思

1. 查阅资料，列出本专业有哪些重要的技能竞赛项目。

2. 剖析自己距离工匠竞赛还存在哪些方面的不足。

3. 观看《大国工匠》纪录片，谈谈自己的感受。

## 补充阅读材料

### 中华人民共和国第二届职业技能大赛

由人社部主办、天津市政府承办的中华人民共和国第二届职业技能大赛于2023年9月

16 日至 19 日举行，主题为"技能成才、技能报国"。大赛共设置 109 个竞赛项目，4000 多名选手参赛。这是新中国成立以来，规格最高、项目最多、规模最大、水平最高、影响最广的综合性国家职业技能赛事。

本届大赛共设 109 个比赛项目，其中，单人赛项目 88 个，双人赛项目 20 个，三人赛项目 1 个。从项目构成看，规模扩容增量，紧贴发展形势。竞赛项目分世赛选拔项目和国赛精选项目。其中，世赛选拔项目与世界技能大赛保持一致，共六大类 62 个项目；国赛精选项目 47 个，其中，传统赛项 27 个，新职业赛项 20 个，主要是通用性、广泛性、引领性强，从业人员多且办赛条件成熟的职业(工种)。与第一届大赛相比，本届大赛国赛精选项目数量大幅增加，重点是增加了 20 个新职业和数字技术技能类赛项，如全媒体运营、互联网营销等，这些赛项对于增强新职业从业人员的社会认同感、促进就业创业具有重要意义；同时，新增智能制造工程技术、集成电路工程技术、工业互联网工程技术、人工智能工程技术、虚拟现实工程技术等 5 个专业技术类竞赛项目，这更加符合技术技能融合发展的趋势。

从项目参赛率看，参赛积极性高，热点赛项数量攀升。本届大赛覆盖所有省份代表团的竞赛项目有 9 个，比第一届大赛增加了 2 倍，分别是世赛选拔项目中的健康和社会照护、CAD 机械设计、烘焙、汽车技术和国赛精选项目中的互联网营销、网络系统管理、健康照护、汽车维修、电工项目。这 9 个项目所有省份代表团都参加，也说明这些项目应用广泛、从业人员较多。覆盖 28 个以上代表团的竞赛项目有 78 个，占全部项目的 71.6%。从项目类别看，项目紧贴生产生活实际，涵盖范围广。本届大赛共涉及制造业、信息技术、交通运输、建筑业、服务业、采矿业等 15 个国民经济行业门类，覆盖国民经济行业门类的 75%。所有比赛项目均服务于实体经济，有超过七成的项目属于生产性和生活性服务项目，近四成的项目属于先进制造业项目，近三成的项目属于战略性新兴产业项目。

经过层层选拔，共有 4045 名选手参与本届大赛，其中，世赛选拔项目选手 2052 人，国赛精选项目选手 1993 人。这些选手在身份、学历、年龄、构成等方面都各有特点。

从身份看，职工身份参赛选手和高学历参赛选手大幅增加。在参赛选手中，职工 2189 人，学生 1830 人，灵活就业人员 26 人，共来自 1473 家单位。职工选手占比 54.1%，比第一届大赛增加 7.6 倍；学生选手中，大中专院校和技校学生达 1638 人，占比 89.5%。技工院校、职业院校参赛积极性高，海南省技师学院、安徽阜阳技师学院、西藏技师学院、郑州商业技师学院等单位参赛选手超过 20 人，共计 59 个单位参赛人数超过 10 人。在所有参赛选手中，有博士学位参赛选手 25 人，硕士学位参赛选手 546 人，本科学历参赛选手 1131 人。高学历参赛选手多数集中在新职业和数字技术技能领域，表明技术技能融合发展的大趋势，对不同学历层次人才技术技能水平提升的需求加大。

# 第二篇　经管类专业大学生劳动教育实践

本篇结合经管类专业教学中大学生综合素质提高，针对在校大学生如何依托实训、志愿服务、勤工助学、社会调研、创新创业以及社会交往和团队建设等实践项目培养自身劳动素养进行了系统阐述。

# 第六单元

# 经管类专业实训

**【周恩来总理说劳动】**

"我们的国家正在积极地准备进行大规模的经济建设。培养技术人才是国家经济建设的必要条件，而大量地训练与培养中级和初级人才尤为当务之急。"

——《关于整顿和发展中等技术教育的指示》，人民周报，1952 年 16 期，第 20-21 页。

## 学习指南

本单元主要介绍专业实训的基本概念和内涵。通过校内外实训基地，可提供培养学生职业能力与职业素养的真实场景，在培养学生解决实际问题的技能技巧的同时促进学生对财经、管理相关行业、企业的认知和认同，从而增强学生的社会适应能力。

## 课程标准

| 考核标准点 | 具 体 内 容 |
|---|---|
| 知识 | 1. 系统掌握专业实训的概念，了解专业理论知识应用与实践实训的关系<br>2. 了解实训基地的基本功能与构建实施路径<br>3. 了解专业实训的基本类型 |
| 技能 | 1. 企业经营目标规划能力<br>2. 企业系统运营流程认知能力<br>3. 经营案例比较分析与评价能力<br>4. 管理沟通与增强管理者的全局意识的能力 |
| 态度 | 1. 形成较强的沟通交流能力和团队合作精神<br>2. 认同开展专业实训的重要性<br>3. 具有崇尚劳动、尊重劳动的态度 |

# 导入案例

## 贵州师范大学：产教融合协同育人基地，实现实习就业零距离

近年来，随着云计算、人工智能、物联网等技术的应用范围越来越广泛，相关领域人才缺口巨大。加快智能时代创新人才能力的培养，深入推进产学合作协同育人，已经成为产学研各界的共识。2019年国家发改委、教育部等六部委联合发布《国家产教融合建设试点实施方案》，也把深化产教融合改革作为推进人才资源供给改革的战略性任务。

金蝶集团一直秉承发挥产业优势，发挥企业重要教育主体作用的原则，深化产教融合，依托自身在企业数字化服务的核心能力和优势，将产业的理念、技术、资源整合到高校的人才培养、实训基地建设中，帮助高校培养社会所需的高素质应用型、复合型、创新型人才，为提高产业竞争力和汇聚发展新动能提供人才支持和智力支撑。基于此，贵州师范大学经济与管理学院选择与金蝶集团建立深入校企合作关系，展开一段优质的复合型、应用型人才培养与输送的合作历程。

贵州师范大学经济与管理学院成立于2003年，经过20年的发展，现拥有经济学、管理学两大门类，涵盖经济学、管理学两个一级学科。市场营销专业获批国家一流专业立项建设，财务管理专业获得贵州省一流专业。在校国内国际本、硕学生共计1700余人。为加快推进高校人才培养模式的改变，依托金蝶集团在产学合作协同育人方面的丰富经验，贵州师范大学经济与管理学院通过引企入校，将金蝶集团"客户服务中心"引入校园，双方共同建立产教融合协同育人基地，围绕专业和课程改革、人才培养、社会实践、"双师"团队建设等展开深度的合作，共同促进教育链、人才链与产业链、创新链有机衔接。针对产教融合协同育人基地的人才培养合作，金蝶集团以适应职业岗位发展对人才的需要为目标，以职业岗位能力需求为主线，设计学生的知识、能力、素质结构，与学校深入探索合作，推行产学结合的人才培养模式。

贵州师范大学与金蝶集团通过校企合作和基地建设的办学模式，充分发挥校企双方各自的优势，未来双方将不断提高合作的层次，扩大合作的范围，挖掘合作的潜力，共同培养新技术时代社会所需的企业数字化人才！

# 第一节　基本概念

## 一、专业实训的内涵

### (一) 专业实训的概念

实训是职业技能实际训练的简称，是指在学校控制状态下，按照人才培养规律与目标，对学生进行职业技术应用能力训练的教学过程。专业实训(professional practice)，亦称"业务实习"，是高等学校和中等专业学校各专业的一种教学形式。

2019 年 6 月，《教育部关于职业人才培养方案制订与实施工作的指导意见》中指出，专业(技能)课程内容要紧密联系生产劳动实际和社会实践，突出应用性和实践性，加强实践性教学，广泛开展实践活动。经管类专业作为理实一体的专业，更应在注重传授理论知识的同时，兼顾培养学生的实践能力，而学生实践能力的培养可以通过实训来实现。

### (二) 专业实训的内涵

实训的最终目的是全面提高学生的职业素质，最终达到学生满意就业、企业满意用人的目的。合理的实训教育应该是大学教育的一个重要组成部分。

实训教育面向企业培养实用员工，对学生而言，其本质不是培训而是就业，因此市场宣传以"就业"为诉求点，培训过程要与企业嫁接。

"实训 = 素质 + 技能 + 经验"

"实训过程 = 补强阶段 + 实操阶段 + 实习阶段 + (就业阶段)"

实训教学是让有一定理论基础的学员，在拥有多年实战经验的商务(职业)教练的指导下，在真实条件下，最终达到企业的用人要求，并获得国家认可的职业资格证书的过程。真实的企业环境，严格的企业管理制度，市场化的项目实战，是专业实训必备的三大要素。

## 二、专业实训的目标

### 1. 努力体现真实的职业环境

学校在安排、布置实训场所时，应避免采用实验室的框架，学生使用的装备、工具尽可能地贴近职业真实。由于经济、职业形态的多样性，安排上一般可采取小批量，多元组合的方式。

## 2. 强调专业实训项目的功能应用性和规范性

学校在设计实训项目时应明显区别于实验。在虚拟仿真的环境中，学生能够真正实践相应的角色岗位。例如，在会计学专业的实训中，税务会计会在每月月初和税务局进行沟通，及时完成企业的税金缴纳，在处理企业业务中，税务会计的沟通能力和协调能力就会不断提升；主管会计会及时处理会计业务，统观全局，及时完成审计业务，根据审计报告，及时处理特殊事项，在这个业务中，就会无形地锻炼会计的社会责任感；财务经理的岗位要求能力更高，不仅要统管全局企业内部的业务，也要做好和内部各个部门人员的对接工作。

## 3. 加强技能操作训练

实训课程不能仅限于对某项技能的了解、知晓，还应该对主要技能达到独立操作和熟练的水平。这就需要有一定量的积累，最好能设计、选择某些典型产品的操作过程。如出纳可以及时登记银行账和现金账，也可以及时处理企业和银行的业务。

## 4. 采用模拟仿真软件，提高实训项目的适用性和经济性

随着电子信息技术的发展，很多行业的技术岗位已经采用了数字化、软件化技术，如ERP沙盘模拟实训课程正是在企业模拟仿真运营过程中把经济学、管理学、市场营销学、会计学、财务管理等学科的知识融合在一起，促进教学理论与实践结合，促进相关专业课程结构合理化。在ERP沙盘模拟课程学习过程中，学生通过实践了解企业的管理体系和业务流程，认知企业的组织结构设置、各管理机构的职责，领会物流、资金流、信息流的协同过程。在教学过程中要能够真正做到以学生为中心，使学生实现自我管理、自主学习，使学生个性在教学活动中得到充分展现。在实践中注重团队合作，相互信任，培养学生的全局观念和团队合作意识，从而提高学生的学习兴趣和主动性，促进学生自我认知和肯定，全面提高学生经营管理的素质与能力。

## 5. 构思创新型的实训项目，提高专业实训的科技含量

以工作任务为引导，设计基于行业的实训。教师布置学习任务，学生去查阅资料，通过任务引导学生和实际相结合，让学生在完成实训项目的过程中，以任务驱动模式为载体，培养自己分析问题的能力，进而获得解决问题的能力。

# 三、专业实训课程

## (一) 实训课程体系结构

经济管理类专业的培养目标是培养适应现代市场经济和商品流通现代化发展所需要的经贸复合型人才，主要从知识、能力和素质三个模块进行综合性培养。知识模块通过理论

课程的学习，让学生掌握应用经济学等相关学科的基本知识和基本理论；能力模块培养学生对商品流通领域的分析问题和解决问题的能力；素质模块基于科学研究、职业素养和商业运营与管理等，培养学生具备基本素质和创新意识。

通过加强经济专业知识与实践融合能力的培养，梳理专业课程之间的关联性，以经济管理特色为背景，围绕通识教育实践、专业教育实践和创新创业教育实践三个层次，构建专业实践教育课程体系。通识教育实践让学生对国内外宏观经济的发展趋势有一定的认识和理解，侧重于基础知识的理解和应用，主要包括经济发展形势与政策、职业生涯发展规划、就业创业实训等内容；专业教育实践围绕学生经济管理专业能力的培养，加强学生对基本专业技能的充分理解和强化，培养学生发现问题、分析问题和解决问题的能力，主要课程包括公司创建与运营、专业综合实践、学年实习、毕业实习和毕业论文等课程模块；创新创业教育实践用于开阔学生视野，激发学生创新创业精神和意识，提高专业综合能力和素质，主要包括社会实践与素质拓展、专业学科竞赛、大学生创新创业训练计划项目和创新创业实践，培养学生的创新实践竞赛能力和团队合作能力。

### (二) 实训课程体系实施方案

经管类专业的实训课程体系包括通识教育实践、专业教育实践和创新创业教育实践三个层次，实训阶段分为形势与政策讲座、理论课社会实践、创新创业实践与公司创建运营实训、职业生涯与就业创业实训四个阶段。为学生构建的能力和素养的多元化实训平台包括校内实训和校外实训两个平台。校内实训平台主要是学校经管综合实践中心和学院多功能实验室相结合的实训模式。学校经管综合实践中心负责经济管理类专业虚拟仿真实验教学、大学生创新创业训练计划、专业学科竞赛的建设与管理。校外实训平台通过与校外相关企业共建经济管理实训合作基地，使学生能把知识置于解决特定问题的实践背景框架中来理解，培养学生的创新思维和实践能力。

## 第二节　专业实训

## 一、专业实训体系构建

### 1. 校际实践协同育人

经济管理类院校内涵式发展的重要路径是构建科学合理的实践教学体系，校际合作是加强相同专业内涵式发展的有效途径。在新文科教育背景下，开展校际资源共享、技术共享、平台共享和理念共享是实现校际实践育人协同的重要方式。在"互联网+"的应用背景下，可以充分利用现代信息技术手段，有效实现"线上＋线下"实践育人课程协同共享，实现"校内＋校外"实践育人资源互联互通，充分利用共享平台的微课、慕课、虚拟仿真实践课程，实现校际实践育人共享，构建知识与技能协同新路径，满足校际实践协同育人在线化、灵活化、校际化。

### 2. 校政实践协同育人

校政实践教育协同，是指通过政府为高校出台实践育人政策，为高校营造实践育人环境保驾护航。地方政府在高校协同育人政策方面，给予高校和企业政策倾斜，出台监管和政策保障制度，为高校和企业、行业营造协同育人环境氛围，强化政策针对性、有效性。地方政府还要强化协同育人政策支撑，创设协同育人专题项目，给予财政资金支持，推动实践育人孵化基地创建，为高校、企业、行业、社会搭建实践育人桥梁，实现校政实践协同育人项目化、系统化、双效化。

### 3. 校企实践协同育人

经济管理专业校企实践协同育人的关键环节是实现校企联合培养，在校企协同过程中，企业根据战略发展的实际需求，不断优化资源配置，实现高质量专业人才培养的目标定位，以达到企业实际需求的有效供给。通过校企实践育人协同，双方共商专业人才培养方案，共建实践育人课程，共享实践课程资源，通过互派教师，实现"双师型"教师团队构建，推动产教深度融合，将企业资源引入实践育人体系，实现经济管理专业实践育人体系岗位化、场景化、系统化。

### 4. 校地实践协同育人

高校育人学科专业发展，要立足区域产业基础，服务区域经济发展战略。高校学科专业发展战略与区域产业发展需有效协同。学科专业的人才培养技能和核心素养是经济管理专业人才培养的出发点与落脚点。学科专业技能包括专业实践能力，运用专业知识分析、解决问题的基本能力。核心素养主要包括学习能力，即对新知识、新事物的主动认知和获取能力，快速理解新市场环境、新商业模式、新平台、新服务的能力。校地实践协同育人，通过共建现代产业学院和实习实训基地等形式，结合学科专业特点和实践育人规律，有效形成校地协同育人的模块化、流程化、长效化。

## 二、专业实训要点

### 1. 引进真实的企业项目，组建企业导师队伍

寻找真实的企业项目，搭建一个以双赢思维为前提的校企合作平台，组建一支"双导

师"专业教学团队是构建产教融合课程实训模式的首要任务。真实的企业项目是产教融合实训模式的前提和基石，它具有以下特点：一是企业有真实需求，需要借助院校师生协助完成。比如苏北地区外贸制造型企业缺少基础跨境电商运营人员，在产品销售旺季及平台促销期间尤其需要产品上传及即时回复客服人员。而这部分工作可以在短期内通过指导学校已经开设过跨境电商专业课程的学生边做边学完成。二是企业项目环节完整，学生体验多、操作多，评价反馈及时，有利于学生学习兴趣和能力的提升。寻找真实的企业项目需要院、系两级专业建设管理者及专业课教师团队走出校门，通过行业协会、校企合作联盟等多种渠道积极搭建产教融合的平台。项目可以以横向课题立项、实训周校企开发课程专项、教师工作站等多种形式结合各校相关制度进校实施。

项目进校后，为提高实训环节的教学质量和该模式的持续发展，除了企业项目管理本身的考核标准外，还应综合考虑学生评价、学生技能模块考核成绩和校内导师和企业导师的评价结果，在企业导师教学、经费、评价等方面建立正式制度，以保证该模式顺利运行。当然在目前校企合作的整体氛围下，企业导师队伍的管理和考核仍是产教融合模式构建的难点。

### 2. 确定实训模式课程标准，合理安排内容要素

根据地方外贸企业需求，为跨境电商课程实训设定了三个模块：关键词查找及整理、产品上传及优化、客服及营销技巧。每一模块由"双导师"共同根据企业需求及学生实训目标制定实训实施标准。实训标准涵盖实训目标、内容、手段、考核方式等。产教融合实训模式的实训标准会对企业项目的工作内容、方式、时间、地点进行具体计划。例如，产品上传及优化模块，由企业导师在实训周前将企业相关产品资料传送给校内专业课教师，由校内教师先在理论课堂进行相关产品上传及优化的教学，并结合企业实际产品，布置学生完成相关网络资料调研学习的作业，以便企业导师进校实训时学生已经掌握了基础的产品知识，可以集中精力操练技能。校内专业教师和企业导师在教学内容方面应分工明确，防止理论教学与实践教学进度不匹配，影响实训效果。

企业导师到校实训时校内导师应全程陪同，考核学生在真实的企业项目实训中的表现，总结反思课程理论教学与实践教学过程和效果，并与企业导师一起为实训企业带来预期的实际效益而积极合作，为建立长效、双赢的校企合作关系不断总结、积累宝贵的经验。

## 三、专业实训模式

### 1. 合理规划学生实训教学

目前，国家对职业教育的定位是培养大国工匠，需要学生具备一定的技能，尤其是实际动手的能力，这就要求学校必须要有实训的基地，能够进行相应的学科和专业建设，而

建设的目标就是提高学生的职业技能，这就需要职业院校熟知目前行业和企业的具体需求，以及企业的岗位设置。

学校的实训基地受场地、资金、人员的限制，无法完全复制企业的车间，因此，必须要与企业进行深入的沟通，挑选出岗位以后，将岗位设置在学校内的实训基地，在有限的岗位内进行有效的训练，这样才能发挥实践基地的作用。

实训基地的生产标准要与学校的实习实训标准相契合，能够满足双方的要求——学校能完成教育教学任务，企业能够完成生产任务，真正实现产教融合。在实习实践基地内，学生能够独立完成各岗位的任务，能够将理论学习的内容运用到实践环节，并用于指导实践。学校要将实训基地建设得规范，按照企业标准进行，并且保证学生的安全。图 6-1 为某高校与江苏省某酒业股份有限公司签订实习实训实践基地，共同培养适应地方产业发展需要的人才。

图 6-1　某高校与某酒业股份有限公司签订实习实践基地

## 2. 重点打造一流师资队伍

实训基地的建设标准，是由企业和学校共同制定的。学生能否达到企业的标准，教师将起到决定性作用。培养一流的人才必须要有一流的教师队伍，如此才能保证人才的培养质量。

培养双师型教师，是目前职业教育的首要任务。双师型教师不仅要将校内的理论教学抓得好，对企业的生产流程、岗位设置也需了解，才能在学校的实训基地搞好教学，让学生感受到真实的企业环境，为学生提供专业的指导，提高学生的实操实训能力，更好地满足企业的岗位要求。可以聘请校外专家，建立校外专家库，定期邀请企业的专家到学校来担任讲师，以便将企业最新的技术、先进的企业文化、先进的管理理念带到学校，让全校师生都能够了解企业的最新情况，尤其是人才需求的信息，为以后学生在企业就业打下坚实基础。

### 3. 努力促进产教协调运转

产教融合，需要企业和学校双方共同努力，实训基地的建设是在校企双方的共同努力下建设的，生产和教学必须协调运转，才能达到学生实习实践的目的。

实训基地按照企业的真实生产环境建设，下达相应的生产经营的指标，学生按要求进行真实的生产经营。企业在下达生产指标时，要充分考虑学校的教学活动，才能够实现产教的协调运转。

### 4. 强化构建多元教学模式

目前可以建立多途径的教学模式，如线上与线下相融合、课堂与课外相融合、校内与校外相融合、理论与实践相融合等。

线上教学现在越来越受到重视，可以邀请企业的专业人士担任主讲人，在企业生产过程中，为学生讲解相应的专业知识。如可以利用腾讯会议进行网络宣讲，校内教师与校外教师一起为学生讲解新金融方面的知识，能够更好地达到教育教学的目的，学生也更容易接受。

## 第三节 专业实训流程

## 一、实训基地建设

### (一) 实训基地的作用

实训实习基地提供培养学生职业能力与职业素养的真实场景，引领学生进入经济与管理行业的前沿，有力推动经济管理专业人才培养目标的实现。经济与管理类企业一方面要求毕业生具有较高的实际操作技能水平，另一方面要求毕业生具有较好的职业素养，如具有较强的沟通交流能力和团队合作精神等。因此，投身校外实训基地企业的真实职场氛围中进行实践熏陶，能够促进学生对企业的认知和认同，从而增强学生的社会适应能力。

### (二) 实训基地的类型

### 1. 校内实训基地

校内实训基地是院校推行工学结合人才培养模式改革的基础环节，不仅是院校专业建设的重要内容，而且是体现职业教育办学特色的关键。经过调研发现，涉及经济管理专业的院校校内实训基地大致有以下三种类型：

(1) 模拟型实训基地。模拟型实训基地也叫模拟实训中心，一般包括市场营销沙盘实训室、商务谈判室、商务礼仪实训室、营销策划实训室、网络营销实训室等。其中，市场营销沙盘实训室借助市场营销沙盘模拟软件，结合互联网通信技术和计算机系统的强大处理能力，构造的一个充满竞争和协作的虚拟营销环境，让参与者扮演公司营销部门的各个角色，从不同的角度全面了解和执行营销决策；并且通过优化计算模式，以市场占有率、销售量、销售额、利润率等指标反映营销决策的差距。该实训室一般分组进行竞赛，以激发学生的学习热情和课堂的互动性。通过实训，让学生完整地了解市场营销的相关流程，培养学生的市场营销意识。

(2) 经营性实训基地。大多数涉及经济管理专业的院校都设有校内实训超市，主要分布在人流量相对密集的宿舍区和食堂附近，依托学校政策扶持，以其便利、价廉、优质服务等特点吸引师生消费。常见的运营模式有两种。一种是师生共同经营型，即由市场营销专业教师担任总经理，负责组织制定超市营销决策和指导学生实训；选拔 1～2 名完成课程学分的大三顶岗实习学生担任店长，负责超市的日常运营和管理；实训学生被分配到超市的不同部门，部门主管由实训学生担任，定期进行轮岗，师生共同负责超市运营和决策。另一种模式为校企合作型，即学校引进实力规模较大的连锁超市到学校开设分店，超市的日常运营与管理由企业派驻人员负责，教师参与管理和决策，学生在企业负责人和市场营销专业教师的共同指导下完成实训任务。实训超市的规章制度完全按照连锁超市总部的规定执行。

(3) 创业型实训基地。创业型实训基地是指为满足学生开展创业实战活动而建立的创业训练平台，旨在培养创业、创新型营销人才，常见形式为实体店创业和网上开店创业。实体店创业一般是在学生宿舍区或食堂附近等人流量密集的区域，学校规划开设一些创业实体店面，然后通过对学生创业小组经营方案的评估，择优选定创业项目，学校提供租金上的减免和智力上的支持，扶植学生创业团队的成长，培养学生自主经营、自主管理的能力。网上开店创业则是创建网络营销创业实训中心，学校提供办公室、电脑、服务器、网络等硬件设备以及网上开店的培训和指导，甚至借力校外企业的指导和帮助，将特色商品特别是特色农产品通过在淘宝、天猫等网络销售平台上开店进行创业。通过创办网店，在网站规划与建设、商品采购、包装设计、信息编辑、网络营销活动策划等环节，培养学生的创业能力和网店经营能力。

### 2. 校外实训基地

尽管校内实训基地在辅助理论学习、培养营销技能上起到了较好的作用，但仅仅依靠校内实训基地还是不够的，毕竟校内实训基地存在仅停留在市场模拟层面或处于非完全竞争市场，难以满足市场营销专业学生多元化的就业岗位锻炼需求和深层次的营销能力培养需求，因此，大力发展校外实习基地作为校内实训基地的补充和提升，是非常必要的。校外实习基地主要分为企业岗位见习实习和顶岗就业实习。

(1) 岗位见习型实习基地。岗位见习通常安排在第 4 学期期末或第 5 学期期初，学生完成经管类专业核心课程和基础能力的训练后，到企业进行为期 2~3 个月的轮岗实习。学生在企业员工的指导下，跟随企业员工进行经营实践，积累应对完全竞争市场的实践经验，进一步锻炼提升学生的职业能力。借助校友资源开发和巩固企业岗位见习型实习基地，经过积累与沉淀，保留几家实习效果好、实力强、管理规范的企业进行长期合作。企业提供的主要见习岗位基本覆盖了市场营销专业毕业生的岗位能力需求。通过企业、学校、学生三方的选择与协调，进行较为集中的轮岗见习，一方面满足了学生提升营销技能的需求和方便校方对学生的集中指导；另一方面，训练有素的实习生也能快速熟悉一线营销工作，为企业创造价值和储备人才。岗位见习结束后，通过实习总结交流会，学生基本能熟悉各个营销岗位的特点和要求，同时学校也可以不断积累校企合作的经验。

(2) 顶岗就业型实习基地。涉及经济管理专业的人才培养模式为"2＋1"或"2.5＋0.5"的院校，即在 3 年的学习中，学生在企业顶岗就业的时间为半年至 1 年。顶岗就业前，学生就已经完成了所有课程的学习。实习期间，学生在营销部门主管的指导下，进入某个岗位独立开展工作。为了使学生顺利获得顶岗就业机会，一般结合毕业生双选会，学校组织若干企业供学生与其双向选择，学生也可自行联系相关企业实习或者选择自主创业。顶岗就业实习基地的开发一般依托学校就业部门的组织和校企合作企业的支持。部分企业在双选会之前，常常要求召开企业专场招聘宣讲会，旨在捷足先登。

## 二、双师型师资建设

### (一) 双师型师资的价值

2014 年发布的《国务院关于加快发展现代职业教育的决定》中明确了今后一个时期加快发展现代职业教育的指导思想、基本原则、目标任务和政策措施，提出"到 2020 年，形成适应发展需求、产教深度融合、中职高职衔接、职业教育与普通教育相互沟通、体现终身教育理念，具有中国特色、世界水平的现代职业教育体系"。2015 年 10 月，三部委颁发的《引导部分地方本科高校向应用型转变的指导意见》中也明确提出转型的主要任务之一是通过调整教师结构，改革教师聘任制度和评价办法等加强"双师型"教师队伍建设。

### 1. 高水平的"双师型"教师队伍是培养高质量技能人才的可靠保障

随着我国经济社会向高质量阶段迈进,对于高素质的复合型技能人才的需求日益增加,这就意味着高等院校的人才培养质量标准也要不断提高。高水平的"双师型"教师队伍是培养高质量技能人才的关键和保障。教师是从事教育教学活动的主体,负责组织和实施教育教学的各项活动,对人才培养质量的高低有着直接的影响。随着职业教育发展定位的逐步成熟,"双师型"教师队伍对于技能型人才的培养将发挥更加重要的作用。这支队伍既能讲解理论知识,同时还能传授职业技能,有利于高职学生专业知识、岗位能力与职业素养的形成,为学生未来职业发展奠定坚实的基础。

### 2. "双师型"教师队伍建设是适应时代发展的必然选择

信息化时代的不断发展对经管类人才的素质与能力提出了更高的要求,经管类院校"双师型"教师队伍的建设也必须紧跟人才需要的变化而改变。"双师型"教师既要懂得专业知识,又要具备教学能力,同时还要具有岗位实践能力。随着新技术的不断应用,产业需要的经管类人才所具备的技能也发生了翻天覆地的变化,培养经管管理型人才成为重点。这就要求经管类院校"双师型"教师队伍也要转型,才能培养出符合社会需要的高质量经管类人才。

### (二) 双师型师资队伍建设路径

### 1. 设计规划中长期师资队伍建设方案

经管类专业涵盖会计、物流、营销、电商等专业,不同专业的师资建设内容有所不同。要加大人才市场调查以及毕业生回访力度,寻求人才培养过程中教师能力的缺失之处,制定科学的建设规划。要根据不同专业的建设与发展规划,合理确定人才引进的规格、数量,重点引进来自大中型企业、事业单位的具有本科以上学历的高级会计师、高级经济师、高级物流师等实践领域的专门人才,争取政府编制支持。要确立符合实际的师资进修培训计划,重点规划好不同专业、不同课程和项目以及不同教学方向的教师业务提升方案,培养技能型、实用型专业教师。

### 2. 推进校企合作,培养优秀教师和企业员工

要解决兼职教师不稳定、不专业以及教师企业挂职难、效果差的诸多问题,需要政府有关部门和学校、企业一道,研究深入推进校企合作的机制。政府在这个过程中要发挥建设性作用,在激励政策制定、税收、人才建设、职称评定等方面要支持和引导校企双方的

深入合作。在紧密的校企合作机制中，一方面，学校帮助企业解决企业新员工招聘的困难，有计划地提升员工管理技能水平，利用高校的智力资源支持企业员工培训工作，帮助企业解决生产经营领域遇到的会计人员业务知识更新、管理干部素养训练等问题；另一方面，企业帮助高校有计划地提供稳定的兼职教师队伍，对合作高校兼课教师给予支持和方便，有计划地吸收高校青年教师到企业挂职顶岗锻炼，安排实质的工作内容，训练培养青年教师的管理技能和业务素养。这种深度的校企合作机制必然有利于"双赢"，促进合作形式进一步深化和宽泛。

### 3. 建立科学的教师进修培训制度

按照不同教师的业务水平状况，分析研究每一位教师能力状况，制订补缺补差方案。师资建设渠道、途径包括鼓励教师选取相关高校做访问学者，鼓励教师参加社会机构举办的教学法培训、高校或者高师培训中心举办的双师素质培训，鼓励青年教师到大中型企业实践和调研，以及教师兼职参与会计师事务所业务工作等，使其熟悉财政、税收、法律、审计等业务知识。这些工作要克服随意性，学校要制定相关政策，形成工作机制，在教师交通、通信、工资待遇等方面建立一套完整的制度，鼓励而不是限制教师提高自己的业务水平。

### 4. 建立教师业务水平和责任感评价制度

师资队伍建设整体成效如何，还存在哪些问题，以及每一位专兼职教师业务水平现状和问题，需要主管领导定期组织研讨，分析原因，并制订下一步业务水平提升计划。要建立和完善教师业务水平和责任感评价制度，通过教师自评、学生评、同行专家评、领导评等途径合理量化每一位教师的业务水平和责任感等级，形成计分分值，在年度考核、教学质量奖、教学名师、优秀教师等评先评优活动中予以区别对待。同时，在绩效工资方案设计中要注意引导教师提高教学水平的积极性、主动性，使教师安心于教书育人，安心于培养学生技能。

## 三、实训管理建设

### (一) 专业实训室的建设及日常管理

### 1. 合理协调实训室建设管理方案

综合分析经管类专业实训室的建设方案及日常管理模式，其中，综合性的实训室的利用率最高，且能够最大限度地降低重复购置实训设备的弊端。在建设经管类专业实训室的过程中，需要最大限度地保持设备资源的使用率，以及教学环境的优越性。为此，尽量将各系单独建设的经管类实训室统一管理，完成组织规划的资源共享，提升经管类专业实训室的利用率。故此，如无法开辟更大的综合性实训室，则需要尽量降低各系单独实训室的设备采购量，多数课程集中于综合性实训室内完成，进而在合理协调实训室建设方案的情况下，满足经管类专业的实训教学需要，保障实训室资源的高效运行。

### 2. 优化实训室的开放度与协调性

经管类专业实训室是实训教学活动的重要平台，在培养学生创新能力和实践能力等方面具有不可替代的重要作用。为此，需要尽量满足学生的实训需要，可通过最大限度地开放实训室，令经管类专业学生具有更多的实训时间。在提高开放度的过程中，还需要尽量协调学年组的教学时间。一方面，合理安排各院系独立实训室的统一教学时间，后续开放时间针对经管类专业学生；另一方面，合理规划综合性实训室的开放时间，尽量降低排课比例。实训室的空闲期可作为课外活动场所，由经管类专业各科教师提出申请，并做出系统的日常管理时间规划。另外，为了加强针对经管类专业实训室的日常管理时效性，可在实训室内部安置一名专业教师作为主要负责人，由该负责人分配各科使用后的维护管理工作，进而在开放时间和组织管理上达到较高的协调性，针对实训室的使用率进行优化。

### 3. 阶段性构建智慧实训室

在信息化发展的过程中，经管类专业的实训室建设对多种信息化技术的要求也在不断加大。组建高性能和多元化的实训资源，成为经管类专业实训室的未来阶段性发展方向。一方面，需要构建云计算、大数据、物联网等信息技术的综合载体，令实训室的智慧发展满足经管类专业的信息化发展要求；另一方面，在融入更多的信息化资源后，需要加强日常管理，并设置相应的细则和管理负责人，主要监督和管理信息化设备的使用情况和日常维护，继而在扩增实训室信息化资源后，达到较高的日常管理水平。

## (二) 共建实训基地运行管理

### 1. 在教学管理中创新实训基地运作模式

随着我国产业结构的不断变化，我国职业院校都支持职业学校和企业采取多种形式合作建设生产性实训基地，但在现行的管理体系中缺少完善的校企合作的指导准则和管理评价条例，管理体制明显滞后于校企合作发展的要求。建立教学管理中对校企合作的导向机制是促使职业学校积极走向社会、走近企业，真正实现与企业、社会无距离对接的积极尝试，具有很强的实践意义。因此，要求高等院校总结当前教学管理制度和在过程运作中存在的问题，结合当地经济状况、企业需求，完善在教学管理中有利于校企合作实践教学的管理机制，形成具有当地特色的全方位、多层次、立体构架的校企合作模式。

### 2. 在过程管理中建立实训基地有效制度

随着经济技术的飞速发展，企业中设备和技术的更新频率越来越快，因此，企业对技术人员的要求也越来越高。只有学校积极主动与企业保持密切的联系，专业建设的发展才不会迷失方向和目标。校企合作的目的就是培养学生的综合素质，在学好理论知识的同时，利用企业良好的环境，提高学生的实践动手能力，达到企业的用人要求。一系列管理制度和措施的建立是校企合作蓬勃开展的前提。只有校企双方利用实训基地，建立起相关、有效的管理机制，充分发挥企业和学校的主动性和积极性，才能使学校和专业建设呈现和谐向上的良好态势。

### 3. 在教学改革中尝试实训模块课程论证机制

在职业教育比较成熟的国家，其课程建设是由政府机构或者行业协会设立的专家组或专职机构来进行的，而且这些课程都有统一的国家标准或行业标准。我国职业教育的发展相对薄弱，缺乏模块化课程标准和方案，没有国家专门机构针对课程体系进行开发。模块化课程改革的重任，实际上是由各地方的职业学校在具体探索和实施。在模块化课程的培养目标、实施方案、评价体系的落实中，都缺乏企业参与。

校企教学合作应充分利用行业协会这一平台。学校院系加入行业协会内，与企业共同探讨职业人才的培养问题，进而共同开发专业教学模块化课程，制定符合市场需求的课程培养目标，进一步可让企业中的专业人士担任专业建设委员会委员；将企业引入职业技术人才的培养过程中，构建适应企业、社会发展的各种课程模块，围绕职业能力设计去开发模块课程体系；积极听取专业人士的建议，改进学校实训基地和具体专业课程的结构，解决学校专业设置与实际生产脱节的问题，使学校的专业教学质量和毕业生专业素质能力真正提高。

### 4. 在教学管理中强化实训基地成效评价

建立多元化教学考核和校企合作的评价机制，促进专业真正与企业零距离接触。在职业教育过程中，我们不仅仅培养学生的操作技能，更要重视对学生学习能力、沟通协调能力、劳动态度和对企业的忠诚等综合素质的培养。因此，我们要建立融合社会企业需要和学生职业生涯发展需要的评价体系，将学生的学习品格、公民责任和意识、参与当地的经济文化建设的积极性、生态环境意识、心理素质和家庭责任等都纳入学生能力评价体系中，使学生首先能够成为一个合格高素质的公民和一个受到企业欢迎的职业人。建立和社会、企业相通的考核评价体系，可以促进课程教学模式的改革与创新，促进学校专业建设和课程建设的改革与创新，最终推动学校建立校企合作办学的体制和机制。

# 第四节　专业实训中的关注重点

## 一、实训学生注意事项

(1) 放正心态。在实习期内，好好地工作，多学点东西，把一切应该学的和可能会用到的知识都学到，从实训中成长是应有的态度。无论是哪个专业的实训，薪资都不会很高，甚至有些根本就没有工资，在这种情况下，你需要做的是，摆正你自己的心态。

(2) 用心实训。作为一个大学生，自学的能力是应该具备的，去实习时，要带上心，学习一切在书本上学不到的东西，而这些往往都很重要。正如曹雪芹所说：世事洞明皆学问，人情练达即文章。

(3) 做好吃苦的心理准备。当一个人工作时，老板会更喜欢勤奋并且有效率的员工。实训期内，不要害怕吃苦，要把工作的方方面面都做好，能帮的都要帮，对工作有一个全面的了解，这对择业和正式工作，都会有极大的好处。

(4) 积极融入企业文化。每个企业都有自己的企业文化和独特的企业氛围，对于实训学生来说只有尽快地适应工作环境，才能稳定工作获得进步。实训者通过接触企业内部办事流程、认识部分同事以及直属上级，感受其与企业文化相契合的习惯，进而增强融入团队和应对挑战的信心。

## 二、组织学校注意事项

### 1. 学校灵活调整实训安排

学校和企业是两个性质完全不同的主体，前者注重教学，后者注重利润。当教学与利润存在冲突时，或者教学不能给企业带来利润甚至是降低利润时，企业一定是选择放弃教学，如此一来，学校的实训课程和目标就无法完成，无法做到理论和实践的结合。因此，学校要想真正实现实训教学效果，就需要调整实训安排以适应企业，促其实现利润最大化。如电子商务专业实训周(月)可以放在每年的"双十一"所在的周(月)。企业一般在"双十一"期间需要临时增加工作人员，而电商专业学生经过简单培训即可上岗承担一些基本工作，成为企业临时用工的首选。一方面，学生可以投身到真实的专业工作流程中，感觉到自己学到了东西；另一方面，企业也可以解决劳动力短期性不足的问题，达到双赢。

学校应灵活调整实训地点。若企业难以提供足够大的实训场所，学校就要能灵活应变。电子商务专业实践如同电子商务一样具有跨时空的特点，只要有电脑和网络，电子商务实训实习地点因素影响不大。另外，专业实训很大一部分可以放在校内进行，聘请实训基地企业员工来校为学生讲课培训。目前国内高校经管专业基本上都建有专业实训室，把实训实习基地企业优秀员工请进学校课堂，既能解决实训场地的问题，又能解决实训学生管理的难题。

### 2. 加强与实训基地互联互通

加强与校外实训基地企业的沟通交流，是建立良好合作关系的重要基础。目前，大多数院校都把精力放在学校建设、教学管理上，大多数高校老师都把精力放在教学、科研上，没有专门机构和专人来负责与实训实习基地企业进行沟通交流。学校需要企业给学生提供实训实习机会的时候就与企业联系，不需要企业的时候就不联系，如此做法很难建立高校与企业的长效合作关系。学校可以为实训基地企业提供形式各样的、丰富的人力资源以及特殊的硬件环境设施(学校提供的创业孵化中心)。学校需要经常对合作企业进行走访与交流，了解企业的需求，并利用自己的优势资源为企业提供服务，真正实现双赢。

### 3. 加强实训教学管理与质量评估

实训教学管理与质量评估是提高教学质量的重要保障，它包括实践教学计划、实践环节教学大纲、实践教学质量考核体系、实践基地的管理模式等。学校应切实重视实践教学工作，创新实践教学的管理体系，以制度化建设提升实训管理水平。基本的管理规章制度应包括实训教师工作职责，教学实习、生产实习与毕业实习管理办法，实训教学管理办法，教学设备仪器管理办法，实验室规则等一系列规章制度，各实验实训项目均应有专人负责，确保各项实训按计划实施。

## 三、实训企业注意事项

### 1. 提升实训管理效率

由于财务会计专业学生在学校学习知识时的专业性与特殊性，往往限制了学生选择实训阶段的岗位的自由性。在实训过程中，学生只能选择较为基础的实训岗位，例如出纳、助理、报税等，不能够满足学生强化专业技能、提高应用能力、达到专业对口的目的。由于企业的规模限制，用工数量不足，提供的实训岗位也较少，学校只能分散学生前往不同地区、不同的企业进行实训。学生的分散实训也对学校的管理造成了负担。由此，经管类专业学生的实训要积极探索政、产、学协同一体推进，共同提高实训管理效率。

只有在政府的统筹和主导下，部门、行业、企业和学校共同参与，校企合作才能真正得到实现。学校应根据企业要求制订人才培养计划和评价标准，注重培养学生解决实际问题的能力，以满足企业用工要求为目标，不断进行教学改革的探索和创新。政府应尽快制定和完善相关政策法规，支持、规范和管理企业的参与。

### 2. 强化企业规范管理

企业为学生提供实训岗位选择，这和做法虽然能够帮助企业完成更多的工作任务，提高企业的员工工作效率，但综合来看，实习生入岗入职之前，企业需要进行入职前的基础性介绍与培训，这就使人力资源得不到充分的利用。更为重要的是，由于学生作为主体在脱离学校管束后，实训企业执行《关于贯彻执行劳动法若干问题的意见》第 12 条规定："在校生利用业余时间勤工助学，不视为就业，未建立劳动关系，可以不签订劳动合同。"从而导致实训学生基本薪资报酬、人身安全得不到保障。

国家对学生实习实训工作高度重视，2016 年，教育部、财政部、人社部、应急管理部和银保监会印发了《职业学校学生实习管理规定》，规范职业学校学生实习工作，维护学生、学校和实习单位的合法权益，确保技术技能人才培养质量。政府监管部门和学校教学管理部门应要求承担实训的企业与学生签订三方协议，确保学生知晓协议所规定的权利、义务和责任。

### 3. 注重实训专业技能

在校学习期间，学生虽有一定的知识储备，但在真正进行实习过程中要进行工作时往往发挥不出自己的所学。同时，由于实习时间不等且公司外派等情况，在接替顶岗人员后企业不放心将工作或任务交由学生完成，此种交替也往往会打乱企业的员工管理模式。此外，由于学生的年龄限制及社会经验不足，企业通常不会将重要的财务报表等工作交给学生完成，而且保密性较高的工作由于小部分学生的责任意识与职业道德较薄弱，也会给企业造成外泄的困扰。因此，实习期间学生往往只能进行基本简单的操作，得不到专业技能的强化，往往实习过程流于表面化、形式化，学生得不到有效的素质提高与发展。

学校教学管理部门和企业导师应协同开展教育，让学生充分认识实训的意义，迅速完成角色转变，从容应对岗位任务的挑战。在实训中学会学习、学会做人、学会做事，通过实训锻炼提高学生的就业竞争优势，在企业实践学习中有所收获和成长。

# 活 动 与 训 练

活动主题：在实习实训活动中锻炼培养大学生的劳动习惯

活动形式：劳动技能比赛

活动要求：

1. 以个人为单位参加比赛。

2. 记录自己一周的学习生活安排。

3. 对电子手账页面(旅管)、酒店周边创意产品(酒管)、文创手工产品(文管)进行创意设计。

4. 以班级为单位组织评比。

5. 评委评审时须客观公正。

6. 评出特等奖 1 名，一等奖 2 名，二等奖 4 名，三等奖 8 名，最佳设计奖 2 名，最佳书写奖 2 名。

7. 以小组为单位反思劳动经历和收获，并在课堂上分享劳动心得。

8. 每位同学将自己的劳动心得以小组为单位上交给劳动教育指导教师或上传至网络教学平台。

# 课 后 反 思

1. 在经管类专业实训中，如何理解脑力劳动？

2. 在实训中，蕴含着哪些中国特色社会主义精神内核和中国共产党的优良传统？

3. 经管类专业实训中的文化育人、实践育人、活动育人内涵有哪些？

## 补充阅读材料

### 劳动教育与实训教学的融合发展

一、劳动教育与实习实训教学融合发展的现实困境

（一）认知亟待转变

现阶段，高等院校学生多数为"00 后"，他们出生和成长在国内经济社会迅猛发展的

时期，普遍缺少劳动成长的经历。受"留守隔代抚养"、父母进城务工等诸多因素的影响，许多农村地区的学生同样缺乏与父母共同劳作的经历。这使得大多数学生仅仅将劳动视为一种简单的体力劳动，往往忽视学习同样是一种劳动。不仅如此，许多学生在日常学习过程中具有较强的功利性，过于重视就业、考公以及考研等学习活动，忽视劳动品德等隐性能力的提升。加之在高等院校教学场域中，部分教师具有认知与实践的不一致性。换言之，部分教师即使认为劳动教育和劳动实践对培育专业技能人才具有重要作用，但在实训教学过程中也对劳动教育、劳动实践缺乏足够重视。同时，在技能教学实践过程中，高等院校逐渐形成固化的教学思维习惯，即教学工作主要目的仅在于提升学生的专业技能和学习成绩。这一传统教学观念导致管理者、教师对劳动教育缺乏系统规划，极大地影响和制约了劳动教育与实训教学的深度融合。

（二）资源较为匮乏

《关于全面加强新时代大中小学劳动教育的意见》明确指出，高等院校以实习实训课为主要载体开展劳动教育，至少需要开展 16 学时的劳动精神、工匠精神等专题教育。劳动教育与实训教学的深度融合，迫切需要相应的师资资源和实践教学资源予以必要支撑。具体而言，一方面，工匠精神和劳动精神专题教育的开展依赖于一支高素质的教师队伍。但就现实情况而言，许多高等院校大多依靠"双师型"教师来开展实训教学。教师多数为高校毕业生，尤其是部分青年教师缺乏劳动教育的相关教学经历，给劳动教育融入高等院校实训教学带来较大阻碍。另一方面，劳动教育与实训教学深度融合依赖于实践教学资源的有效支撑。目前，在深化高等院校与企业合作层面，我国仍缺乏有关企业和高等院校职责界定等相关方面的指导性政策文件。这导致部分企业在承担实习工作时，若无法获取合作效益，通常会出现应付了事、合作动力不足等情况，对学生劳动素养、职业技能提升产生较大负面影响。

（三）教学过程易受影响

劳动教育与高等院校实训教学融合发展作为一项系统工程，在实际推进过程中极易出现全新的问题。一是在安全保障方面。作为一种实践性教育，劳动教育必然要以体力劳动为主，而不能单纯以理论知识讲授为主。这就决定了高等院校开展劳动教育时要联合政府部门、社会及家庭等主体，共同构建劳动教育风险分散机制和安全管控机制，以此确保劳动教育能够正常开展。然而，在劳动教育风险分散机制、安全管控机制建立前，我国高等院校在改革实践过程中会存在一定的顾忌，阻碍劳动教育与实训教学不断融合。二是在课时安排方面。教育部明确指出，三年制高等教育至少需要安排 2500 个总学时，并且实践性教学学时、公共基础课程学时在总学时中所占比例分别不可低于 1/2、1/4。因此，劳动教育融入实训教学必然会影响高等院校总课时分配，进而对整个教学过程造成一定影响。

二、劳动教育与高等院校实习实训教学融合发展思路

第一，始终坚持价值引领。高等院校在推进劳动教育与实训教学融合发展过程中，应注重推进劳动思想的现代转化，加强劳动精神的文化传承工作，充分发挥劳育与德育协同育人效应，利用劳动教育来切实贯彻"立德树人"的育人目标。

第二，重视有机融合。高等院校需要将实习实训课程作为主线，以培育劳动知识技能为核心，着力将劳动态度教育和劳动价值观等劳动教育元素融入专业课中。以此方式，帮助学生充分感受劳动实践带来的乐趣，引导学生逐步树立尊重劳动和热爱劳动的价值观。

第三，体现时代特征。在推进劳动教育融入实习实训教学中之时，高等院校应注重体现当今时代的科学技术特征，充分结合产业变革与劳动新形态，对劳动教育观念进行更新与调整。换言之，学校需要将提升青年学生职业技能、培育劳动精神、促进青年学生就业创业作为目标，立足实习实训内容与工作环境的不断变化，帮助学生进行创造性劳动和探索性劳动，从而不断提升劳动教育的实效性。

第四，强化系统设计。高等院校劳动教育作为一个完整体系，急需对生活与工作、理论与实践之间的关系进行正确处理。高等院校必须按照顶岗实习、认知实习等实习实训教学的特点及育人要求，逐步将劳动教育融入相关课程标准以及职业技能人才培养方案中，对劳动教育和实习实训教学进行系统规划与设计，持续推进实践育人工作。

# 第七单元

# 社会调查与实践

**【周恩来总理说劳动】**

"我们下去调查，必须对事物进行分析、综合和比较。事物总存在内在的矛盾，要分别主次；总有几个侧面，要进行解剖。各人所处的环境总有局限性，要从多方面观察问题：一个人的认识总是有限的，要多听不同的意见，这样才利于综合。事物总是发展的，有进步和落后，有一般和特殊，有真和假，要进行比较，才能看透。下去调查，要敢于正视困难，解决困难。"

——《周恩来选集》下卷，人民出版社 1984 年版，第 313、314 页。

## 学习指南

本单元主要介绍社会调查的属性、特点、内涵等，以及参与相关实践的价值意义，引导大学生开展各种力所能及的服务性、公益性、体验性的活动，以获取社会的直接经验、社会实践能力，增强社会责任感。

## 课程标准

| 考核标准点 | 具 体 内 容 |
|---|---|
| 知识 | 1. 系统掌握社会调查的概念，了解其特点以及核心功能<br>2. 了解社会调查的设计原则<br>3. 熟悉社会调查经典项目 |
| 技能 | 1. 形成社会调查基本认知能力<br>2. 初步掌握社会调查的比较分析与评价能力 |
| 态度 | 1. 增强社会责任感<br>2. 认同开展社会调查的重要性<br>3. 践行社会主义核心价值观的认同教育 |

### 导入案例

从调查研究中来　到真抓实干中去

习近平总书记强调，大兴调查研究之风，大力弘扬求真务实、真抓实干的作风，真正做出经得起历史和人民检验的实绩。调查研究，是我们党的"传家宝"，也是做好各项工作的基本功。从毛泽东的"没有调查，就没有发言权"到邓小平的"只有调查研究，你心中才有数"，再到习近平总书记的"调查研究是谋事之基、成事之道"。一百多年来，我们党始终重视和坚持调查研究，注重在调查研究中提高工作本领，形成了科学的调研理论和工作方法。实践证明，调查研究这项基本功，不仅是推动改革发展稳定各项事业的"先手棋"，更是攻坚克难、防范化解各种风险的"金钥匙"。

# 第一节　基本内涵

## 一、社会调查与实践的概念

### (一) 认识社会调查与实践

社会调查是社会"调查"和"研究"的简称。实践是认知行为，社会调查与实践是指人们为了达到一定目的，有意识地通过对社会现象的考察、了解和分析、研究，来了解社会真实情况的一种自觉认识活动。

上面的概念包含了以下几层意思：

第一，社会调查与实践是一种自觉的认识活动。社会调查与实践区别于日常生活中人们对社会现象的观察和思考。日常生活中的观察与思考不具有特定的明确的目的，而社会调查与实践却是有目的、有意识地观察和认识社会现象的活动。

第二，社会调查与实践的对象是社会事实。它既包括像人口数量的变动、家庭规模的变动，青少年犯罪的状况等客观存在的社会事实，也包括人们的态度、意愿、意见等主观范畴的社会事实。社会调查与实践在研究社会事实时，是从活生生的社会现实生活中直接收集社会事实材料并进行分析研究，而不是仅仅在书斋或图书馆里利用间接的文献材料进行研究。是否直接从社会现实中收集事实材料，这是社会调查区别于理论研究的一个显著特点。

第三，社会调查与实践的目的是透过现象揭示事物的真相和发展变化的规律性，进而寻求改造社会的途径和方法。社会调查与实践绝不是对社会现象和社会事实的机械、简单、零碎地反映，而是要通过特定的方法和技术，在收集资料的基础上，经过去粗取精、去伪存真、由此及彼、由表及里地整理加工和分析研究的过程，并逐步揭示出事物的真实面目和发展变化的规律，进而寻求改造社会的途径和方法。

第四，社会调查与实践是一门方法科学。它有别于哲学以及经济学、社会学、政治学等社会科学学科，这些学科都有着完备的范畴体系和理论体系，而社会调查与实践则不具备自己的理论体系。从学科性质上讲，社会调查与实践是一门方法科学，而不是理论科学。

### (二) 社会调查研究学说

什么是社会调查？调查，就是调查者为了了解调查客体的状况而对调查客体进行的查核和计算。这里所说的状况，既包括事物"质"的方面(查核)，又包括事物"量"的方面(计算)。同时，这里所说的状况，既包括事物静态的方面，又包括事物动态的方面。我们进行调查，既应了解事物当前的状态，又应了解事物发展变化的过程。

当然，社会调查一词在国内外的概念和内涵是不一样的。英国的社会学辞典中社会调查的定义为："Social Survey(社会调查)是对生活在特定地理、文化或行政区域中的人们的事实进行系统的收集……虽然包括说明性或描述性材料，但它一般是数量性的。"在美国的教科书中"Social Survey一般指对研究总体中抽取出的样本进行询问问题的方法。"日本社会学家对社会调查的定义为："实证地抓获社会现象的一种方法，具有通过直接实地调查收集所谓实在数据并由此进行分析的特色。"在我国的教科书上对社会调查也有不同的定义。袁方主编的《社会研究方法教程》中的定义为"一种了解客观事物的感性认识活动"，接近于英美定义。范伟达在《现代社会研究方法》中的定义为"在系统地、直接地收集相关社会现象的经验材料之基础上，通过对资料的分析综合来科学地阐明社会生活状况及社会发展规律的认识活动"，也有学者认为，"社会调查是一种运用现代科学方法征询、测量、沟通、传导公众意见和社会舆论的专业活动"，其内涵与日本学者的观点类似。

随着社会和社会学的发展，社会调查的应用领域在不断扩展，手段日益先进，社会调查的内涵也日趋广义化。我们认为，在现代社会，社会调查是一种具有一定社会服务目的、运用现代科学方法、系统地了解社会现象、收集经验材料并对其进行分析研究，从而得出规律性结论的过程。

### (三) 马克思主义的实践观

实践观点是马克思主义的基本观点。实践把人与客观世界联结起来，改造着自然，改造着社会，改造着人自身。马克思主义认为，全部社会生活在本质上是实践的，只有人们的社会实践，才是人们对于外界认识的真理性的标准。实践是理论的基础，实践高于(理论的) 认识，因为它不但有普遍性的品格，而且还有直接现实性的品格；实践是理论的出发点和归宿点，对理论起决定作用，理论必须与实践紧密结合，理论也必须接受实践的检验，并随着实践的发展而发展。正确、有效的社会调查，是我们认识社会的不二法门。

社会实践是大学生社会主义核心价值观教育的重要载体和必经途径。社会实践有利于深化大学生对社会主义核心价值观的认知和理解，坚定理想信念；有利于提升大学生社会主义核心价值观的认同内化，培育创新实践能力；有利于促进大学生社会主义核心价值观的实践外化，加快自身社会化。社会实践必须通过创新形式、丰富内容、健全机制、建立基地等途径充分发挥其独特的优势和作用。

艰辛知人生，实践长才干。党的十八大报告第一次全面阐述了社会主义核心价值观，并提出了"深入开展社会主义核心价值体系学习教育""积极培育社会主义核心价值观"的新要求、新部署，将社会主义核心价值观教育提升到一个新阶段、新高度。加强和改进大学生社会主义核心价值观教育，必须牢固树立"实践育人"的教育理念，充分发挥社会实践的重要作用，切实把社会主义核心价值观融入大学生社会实践全过程，确保大学生在社会实践中"受教育，长才干，做贡献"，从而实现大学生社会主义核心价值观教育的知行统一。

### (四) 社会调查的特点

#### 1. 实践性

社会调查的实践性是指在社会调查过程中离不开人的实践活动。它主要有如下三层含义：第一，社会调查一定要深入到实际的社会生活中去，从社会生活中直接收集第一手材料。第二，社会调查的研究课题来自于现实社会，其研究结果又服务于现实社会，因而它具有鲜明的现实性。第三，社会调查的方法与技术具有极强的操作性。

社会调查的这一特点使得它区别于纯粹的文献研究和实验室研究。社会调查可以运用文献研究和实验室研究的方法，但纯粹的文献研究和严格意义上的实验室研究不属于社会调查的范畴。社会调查一定要深入到现实的社会生活中去，并收集到相当数量的经验材料。只在书斋、图书馆里搞研究，不能称为社会调查。

#### 2. 客观性

社会调查的客观性是指调查者在进行社会调查时，必须持实事求是、一切从实际出发的科学态度。在社会科学研究中，研究者的立场、观点必然会对研究过程产生影响，这在社会调查研究中也难以完全避免，但社会调查区别于社会科学理论研究的一个显著特点是，它更强调忠实于客观事实。理论假设必须经受客观事实的检验，一切调查结论必须来源于客观事实材料，而不能服从于某种主观愿望或某个利益主体的需要。

3. 综合性

社会调查的综合性特征有三层含义：第一，研究视角的综合性。社会调查研究总是放开视野、综观全局的。即使是研究社会具体现象，它也是注重从该现象与其他现象的相互关系中去把握、认识该现象，从不同角度对该现象进行深入的多层次分析。例如，在对青少年犯罪问题进行调查研究时，不仅要研究家庭教育对青少年的影响，而且要从更广阔的社会生活背景来认识各种社会因素对青少年犯罪的影响，如伙伴群体、社区素质、学校教育、大众传播媒介、社会风气等。任何孤立地、片面地认识事物的方法，都不是调查研究的正确方法。第二，运用知识的综合性。社会调查不仅涉及某一学科或某一知识领域的知识，而且还涉及哲学、经济学、社会学、政治学、社会心理学、统计学、逻辑学、写作知识、计算机技术等多学科、多领域的知识。社会调查是诸多学科知识的综合性运用。第三，研究方法的多样性。社会调查可以运用抽样调查、典型调查、个案调查等多种方式，访问法、问卷法、观察法等多种方法，以及录音、摄像、电脑处理数据等多种技术手段。社会调查常常是多种研究方法与手段的综合运用。

## 二、社会调查与实践的功能

### 1. 社会调查与实践是正确认识社会的基本途径

人们认识社会的途径有很多种，主要有参加社会实践、学习书本知识、进行社会调查等。参加社会实践是认识社会的重要途径。但是，如果一个人只是埋头于自身的社会实践，而不对人们丰富的社会生活进行专门的调查研究，那么他就只能积累一些零碎、有限、狭隘的经验，很难获得对社会生活和社会现象的全面而深刻的认识。学习书本知识也是认识社会的重要途径。但是，一方面，这些书本知识本身就是前人和他人实践经验和调查研究的结晶；另一方面，如果仅仅依靠书本知识，不接触社会实际，不搞调查研究，就容易犯主观主义、教条主义和理论脱离实际的错误。所以，参加社会实践、学习书本知识是认识社会的重要而基本的途径，但光有这两种途径还不够，还必须加上社会调查这一重要的不可缺少的途径。通过社会调查，人们可以超越自身实践经验的局限性，获得更为广阔的社会生活的知识与经验，可以使我们对事物的认识更符合客观实际，可以透过事物的外部现象而认识事物的本质和发展规律性，从而使我们对社会现象的认识更全面、更深刻。因此，社会调查与实践是正确认识社会的基本途径。

### 2. 社会调查与实践是科学管理社会的重要前提

科学的社会管理有赖于正确的社会预测和决策，正确地制定政策和执行政策，这些都离不开对国情的正确认识，都离不开社会调查。只有在社会调查的基础上，全面正确地了解本国、本地区的具体情况，并从本国、本地的实际情况出发，将马克思主义的普遍真理与中国实际相结合，将党和国家的方针政策与当地实际相结合，才能正确地制定并执行政策，提高科学管理社会的水平。

随着我国改革开放和社会主义市场经济的深入发展，社会的经济、政治、文化等各个领域日益复杂化，各个领域之间的相互联系和相互影响日益加强，社会管理成了一项十分复杂的系统工程。而且，在中国这块土地上发展社会主义市场经济是一项全新的事业，我们只有在全面深入地了解中国国情的基础上才能制定出符合我国国情的正确的方针政策，才能使我国的现代化建设事业顺利发展。

### 3. 社会调查与实践是提高思想水平和认识能力的有效手段

首先，社会调查与实践能够帮助我们的主观认识符合客观实际，在思考问题和分析问题时做到从实际出发，从而避免犯主观主义、教条主义、经验主义和理论脱离实际的错误。革命前辈张闻天通过社会调查纠正自己的错误认识就是一个最好的例证。1943年，张闻天写的《出发归来记》深刻地总结了他一年多实际调查的切身体会。他说："这次出发使我深切地感觉到，我知道中国的事情实在太少了。""在过去，我从未怀疑过我是一个唯物论者(我主要是指历史唯物论)。因为我觉得，既然我已经承认了马列主义关于唯物论的一切原则，我当然是唯物论者无疑了。然而一年来的经过，使我对于我过去是否是一个真正的唯物论者这一点，发生怀疑了。因为粗枝大叶、夸夸其谈、自以为是的作风，决不能认为是一个真正唯物论者的作风。相反地，这正是主观主义唯心论者的特点。所以我的自我改造，还得从做一个真正的唯物论者开始。"张闻天的这番话，对我们来说仍然具有深刻的现实意义。

其次，社会调查对于调查对象来说，能起到启发和引导的作用。马克思于1880年起草的《工人调查表》不仅是为了通过调查全面而深入地了解当时工人阶级的生活状况，而且是为了启发工人群众的觉悟。任何社会调查都必然具有特定的目的，不管调查者是有意还是无意，调查的内容和调查活动本身都会在客观上对被调查者产生某种影响，在不同程度上对他们产生某种启发和引导作用。因此，社会调查不管对调查者还是对被调查者来说都具有某种思想教育的功能。这也说明了社会调查的组织者和实施者都负有一定的社会责任。

### 4. 社会调查与实践是端正党风和学风的法宝

党风问题是关系到执政党生死存亡的问题。毛泽东曾经指出："在全党推行调查研究的计划，是转变党的作风的基础一环。"毛泽东的这一论断，在今天仍然具有重要的现实指导意义。

首先，社会调查与实践是各级干部改进思想作风、提高工作水平的重要途径。经常深入基层，作调查研究，有利于改进机关作风，有利于克服高高在上、主观主义、官僚主义、形式主义、文山会海等种种不正之风，也有利于提高各级干部的认识水平和工作水平。

其次，社会调查与实践是密切干部与群众关系的有效方法。在新的历史时期，我们的干群关系正在经受着严峻的考验。在过去的革命战争年代，我们党的干部能深入群众作调查研究，密切与人民群众的联系，这是我们党取得革命成功的一大法宝。我们应当继承发扬党的这一优良传统。今天，在改革开放的新形势下，各种不同利益之间的矛盾、不同观念之间的冲突大量存在，人民群众中存在着许多思想问题、现实问题需要得到关心和解决。这就要求各级干部能深入基层，深入到群众中去，了解民意，体察民情，做群众工作。因此，调查研究不仅是一种认识方法，也是一种密切联系群众的工作方法。

**5. 社会调查与实践也是端正学风、提高科研和教学水平的重要手段**

学风问题说到底也是个思想作风问题。在学术界、教育界，一些人总是习惯于将自己关在书斋里搞研究，不愿意深入基层去搞调查研究，因而极大地影响了科学研究尤其是社会科学研究的学术价值和社会效益，也影响了学校教育质量的提高。这种状况现在已引起了人们的重视。在社会科学研究中，社会调查与实践正在成为一种越来越重要的研究手段；年轻教师或科研人员深入社会、深入基层作调查研究的必要性正在得到越来越多的有识之士的重视；大学生深入实际、搞社会调查，已成为大学生社会实践的主要形式之一。但是从总体上讲，在学术界、教育界，对调查研究的重要性和必要性还认识不够，调查研究之风、实践求实之风还应当进一步发扬。

# 三、社会调查与实践的设计原则

## 1. 本土性原则

社会实践活动的设计应当充分体现当地的特点。不同的城市发展速度不一样，同样，不同城市的学校发展状况也不尽相同，但都有自己的特色，都有开展综合实践活动需要的课内资源和校外资源。选择和确定活动课题时，应按照活动目标，根据本地特色选取课程资源，组织活动方式，发挥本地区的优势，展示本地区的特色。重视发掘本地区的活动资源，一方面有助于激发学生对活动的兴趣，另一方面又能够使学校有特色地发展，使活动有特点地实施。

## 2. 亲历性原则

学生应该转变单一的学习方式，拓宽学习范围，走出教室，奔向广阔的大自然，到丰富多彩的社会生活中去亲身体验和感知各种人和事物，通过亲身经历实际存在的问题积累解决问题、与人交往的经验。

例如，在"社区公共设施调查"活动设计中，共包含四个阶段：一是初步了解公共设施；二是分类调查公共设施状况；三是交流、汇报、总结阶段；四是设计保护社区公共设施的宣传活动。学生首先要亲自了解身边的公共设施有哪些以及它们有什么作用，然后分组制订调查计划、设计调查表、设计活动方案等问题，对社区公共设施的使用情况进行调查，使自己的实践能力得到实际锻炼和提高。最后，学生要对自己组内调查的数据进行整理总结，其中，包括对社区公共设施损坏原因的调查，乃至各自设计保护公共设施的方案等。在该活动设计中，学生通过亲身实践来完成对社区公共设施的了解、分类调查以及设计保护公共设施的方案等步骤，在亲身实践中不断积累解决问题的经验。

### 3. 生活性原则

在进行社会实践活动设计时，应从身边生活出发，从自己熟悉和感知的现实生活或社会实际问题中选择研究的课题，将已有的知识经验与社会活动紧密联系起来。由于大学生的生活经验和认知程度经过日积月累不断地增多，视野会不断开阔，思想也随之更加成熟。因此，活动内容的设计范围也会越来越大，活动研究的课题选择也会越来越多，这些活动能够进一步提升学生自身的思想境界和认知领域。

### 4. 社区服务性原则

社会实践活动课程要求回归学生的生活世界，社区是学生最直接、最真实的生活环境，关心社区活动与社区建设是全面发展社会实践活动内容的重要组成部分。离开了社区生活实践，无论是要让学生把握自我生活还是了解社会生活都必然只能停留在理论层面。所以，在活动设计时应坚持社区服务性原则：一是课程的内容应联系学生身边的人和事，丰富学生的感性认识，使活动内容和活动设计更具体、多样，更具有真实性；二是活动设计要让学生参与其中，有所感悟，最后呈现出属于自己的独特见解，甚至活动内容的设计要与学生的现实社会生活密切相关；三是课程涉及的范围要渗透学生所在社区的人文风貌、自然环境、当地的地方特色以及课程发展趋势等方面，使学生能在活动中关注周围环境，自觉关心身边的人和事，培养学生的公民道德意识，养成自主观察和自觉思考问题的行为习惯。

## 四、社会调查的一般程序

社会调查工作的具体程序，大体可分为五个相关联的步骤：确定调查课题、设计调查方案、收集资料、整理与分析资料、撰写调查研究报告。

其中"确定调查课题、设计调查方案"两个步骤是调查前的准备工作。因此，社会调查的一般程序也可以划分为四个阶段，即准备阶段、调查阶段、研究阶段和总结阶段。

(1) 准备阶段。准备阶段的主要任务：确定调查课题，明确调查任务；明确课题调查研究的目的、意义和要求；确定调查研究的类型和方式方法，制定调查方案和调查大纲等。

(2) 调查阶段。调查阶段的主要任务：按照调查设计的要求收集有关的资料。在调查阶段的初期，调查人员应尽快打开调查工作的局面，注重材料搜集工作的质量；在调查阶段的中期，应注意总结前期阶段调查工作的经验与问题，提出新对策，确保后期阶段的调查质量；在调查阶段的后期，要对已有调查资料进行质量检查和初步整理工作，以便及时发现问题，就地补充调查。

(3) 研究阶段。研究阶段的主要任务：对资料进行审核、整理与统计，区分真假，消除资料中的假、错、缺、冗现象，以保证资料的真实、标准、准确和完整。在此基础上，对审核整理后的材料和统计分析后的数据，进行思维与加工，揭示事物的内在本质，说明事物的前因后果，预测事物的发展趋势，做出理论说明。这是社会调查的深化、提高阶段，是从感性认识向理性认识飞跃的阶段。社会调查能否出成果，以及成果作用的大小，在很大程度上就取决于这个阶段的工作。

(4) 总结阶段。总结阶段的主要任务：撰写调查研究报告。报告应着重说明调查结果或研究结论，并对研究过程、方法以及研究中的一些重要问题等进行系统的叙述和说明。

# 第二节　中外调查研究方法发展

## 一、西方社会调查与社会学方法评析

从社会背景来讲，西方社会调查最初的主要激发因素，是资本主义制度下日趋严重的社会问题，以及资产阶级中的有识之士的改良愿望；从学科背景来讲，西方社会调查的兴起，则是由于社会学研究方法论的确立，这种确立始于实证精神的引入。在这双重背景下，西方在 18 世纪末就取得了一些重要的社会调查成果。

### (一) 现代西方社会调查方法的发展

18 世纪下半叶，英国人约翰·霍华德(John Howard)亲自到监狱，直接访问囚徒，并对比欧洲其他国家的监狱状况，对英国的监狱状况进行了描述。他被认为是最早使用直接观察法和访谈法进行社会调查的学者。其后，英国出现了一批关于工人生活状况和农民问题的调查报告。经过 18 年的调查，1889—1891 年，查尔斯·布斯(Charles Booth)出版了 3 卷本《伦敦人民的生活与劳动》，在社区调查方面做了一些开拓性的工作。法国的社会学者在 19 世纪也取得了一系列社会调查成果。

帕兰·杜沙特列(Paran Duchatelet)采用访问、观察和文献法，调查了巴黎的妓女情况；弗雷德里克·勒·普累(Frederick Le Puri)从 1835 年起，用了 20 年时间先后调查了英国、法国、德国、匈牙利、俄国、土耳其等国家数千名城市工人的家庭收支情况。美国的社会调查兴起于 19 世纪末 20 世纪初。

1890 年，雅各布·里斯(Jacob August Riis)出版了《另一半人是怎样生活的》调查报告，描述纽约城贫民窟的生活。1901 年，罗伯特·亨特(Robert Hunter)调查了波士顿与芝加哥城区的污秽贫穷、低工资和失业状况。随着美国社会学专业的兴起，社会学者开始了大量的社会调查，比较著名的有 1907 年的匹兹堡调查，保尔·凯洛葛(Paul Kellogg)使用社区系统调查方法对于都市化社会结果的调查；1914 年反映小城市社会状况的春田调查；1925—1929 年，芝加哥大学教授帕克组织了移民调查；1918—1920 年，W.I.托马斯(W.I.Thomas)与 F.兹纳涅茨基(Florian Witold Znaniecki)出版了 5 卷本《身处欧美的波兰农民》，使用了生活研究法。

### (二) 西方社会学的方法论与借鉴

#### 1. 社会事实因果分析法

西方社会学者较多信奉狭义的科学主义，认为社会科学应像自然科学那样，对所研究的对象给予因果性的说明，获得规律性的认识。社会现象对于个人来说，是待发现的客观事物。信仰体系、社会习俗和社会制度等现象，都是外在于个人的客观的社会事实，这些社会事实就是社会学研究的对象。

法国社会学家迪尔凯姆在他的《社会学方法的准则》一书中，系统阐述了社会事实因果分析的方法。他认为，必须在科学研究当中排除所有的成见，客观地收集资料，才能获得真实的结论。他在研究时将社会现象区分为常态和病态，认为一项社会事实是否常态，与当时社会发展的阶段有关，如果一项社会事实的发生依赖于社会生活的普遍条件，或者在社会中必不可少，则是常态现象。

在建构自己的理论时，迪尔凯姆常常要对社会现象进行分类，如果能够对社会现象准确地分类，就可以确认它的真正含义，由此，人们就能对这类事实作出解释。迪尔凯姆主张用一项社会事实解释另一项社会事实，建立社会现象的因果关系，可以通过考察两个社会现象的发展是否有"共变"关系，比较它们同时出现或者不同时出现的情况，考察它们在不同结合中的变化迹象，从而观察它们是否相互依赖。

#### 2. 理想类型分析法

德国社会学家韦伯使用的理想类型分析方法，受到了历史主义流派的影响，注重对社会现象的具体意义的理解与解释。他认为人的行为及其意义十分复杂，惯常使用的概念工具常常面临两种困境：或是由于概念过于宽泛，使其失掉现象的某种具体特征；或是由于概念过于狭窄，无法包容相关的现象。理想类型分析方法有利于解决这个困境。这里的"理想类型"具有高度的概括性、抽象性，因而不同于经验事实。在对繁多的经验进行整理后，突出了经验事实中具有共性的或规律性的东西，使之成为典型的形式。理想类型在现实中并不存在，它只是各种经验事物的典型。作为研究者研究社会和解释现实的一种概念工具，理想类型具有方法论意义。

### 3. 社会系统分析法

一些西方社会学者通过构造理论体系模拟现实社会系统，把社会现象看作是一个复杂社会系统的子系统进行研究。美国社会学家帕森斯，建立了一套社会系统的功能分析方法。他构造理论的方法就是从复杂的经验现实中抽象出某些要素，并使之范畴化。他强调，建立一种概念体系比提出一种抽象命题更为重要。概念应首先被安排到与现实体系同构的分析体系当中去。构造理论还要揭示要素之间的相互关系，并把这种联系在概念体系中体现出来。帕森斯使用的概念工具是"模式变项"，这是一组可以将个体、文化、社会整合成一个统一整体的概念。

帕森斯构造理论的另一个重要方法就是"整体论"，即把种类繁多的现象联系在一起，把社会作为一个整体系统来研究。他的基本理论背景始终是社会系统理论，即把具体的系统看成是必须依照整合概念体系来分析的问题系统。沿着这条路径，将种种问题与"结构""功能"和"变迁"这些相互有关的范畴联系起来。

### 4. 中轴原理分析法

中轴原理分析是一种概念图式方法，主张从不同的角度来理解社会结构与社会发展。选择不同的轴心，可能造成不同的分类。托克维尔( Alexis de Toc-queville)把国家集权结构看作法国革命前法国社会的中轴结构，而平等是美国社会的中轴原理。最早从方法论角度明确提出"中轴原理"，并应用这种方法进行分析的是美国社会学家丹尼尔·贝尔。

贝尔选取"社会框架"的概念来分析社会，分析"中轴原理"和"轴心结构"的思想。中轴原理"力图说明的不是因果关系(这只能用经验关系论来说明)，而是趋中性。在寻找社会如何结合在一起这个问题的答案时，它设法在概念性图式的范围内说明其他结构环绕在周围的那种组织结构，或者是在一切逻辑中作为首要逻辑的动能原理"。

在《后工业社会的来临——对社会预测的一项探索》一书中，贝尔"中轴原理"的思想就体现在他以技术为中轴,将社会划分为前工业社会、工业社会和后工业社会三种形态。选取技术为中轴来划分社会，是因为在他看来，在社会的进步过程中，技术已经成为变革的一种主要力量，技术可以改变社会关系和生活方式。

贝尔的多领域多轴心的方法，打破了迪尔凯姆和帕森斯等人对社会学研究所持的"整体论"，为社会三大领域分别设计出各自的"轴心"，并归纳出结构差异。这种研究方法，对于西方传统社会学来说是一个创新。

## 二、马克思主义经典作家与社会调查

马克思、恩格斯和列宁等人历来重视社会调查，他们亲自深入实地去考察，在工人中间进行访问，而且还建议工人组织开展社会调查。

### (一) 马克思、恩格斯与社会调查

马克思把社会看成现实的客观存在进行研究，对社会的规律下结论，必须有经验的现实依据才可以。因此他非常重视以客观的历史事实与社会事实来说明普遍的社会规律。他在分析社会问题时必须占有大量经验资料，通过对经验材料的深入分析、整理，考虑到各种相关关系与各国的特殊社会因素来完成研究。社会调查与研究是马克思、恩格斯毕生的事业，是他们创立马克思主义学说的基础。毛泽东指出："马克思、恩格斯努力终生，作了许多调查研究工作，才完成了科学的共产主义。"

1842 年 10 月到 1843 年 3 月，马克思在担任《莱茵报》编辑期间，利用采访深入社会各个角落，获得了大量实际材料，并撰写了《摩泽尔记者的辩护》一文，尖锐地抨击了普鲁士的社会政治制度。马克思来到英国后，在恩格斯的帮助下，扩大了同工人的接触，亲身调查英国工人阶级的状况。他在写《资本论》的过程中，十分重视利用社会调查的成果，收集了大量统计资料，查阅了很多国家的文献资料。在指导国际工人运动过程中，马克思十分重视在各国工人组织中开展社会调查。1866 年，马克思建议开展国际性工人阶级调查，而且亲自拟定了调查大纲，调查大纲非常详细，甚至包括"吃饭的时间和对工人的态度"等项目。

恩格斯曾长期深入工厂和工人居住区进行调查。1839 年，恩格斯发表第一篇调查报告——《伍珀河谷来信》，他使用观察与访问得来的材料，描述了当地无产者非人的生活状况和有产阶级的剥削行为。1842 年 11 月到 1844 年 8 月，恩格斯在英国纺织工业城市曼彻斯特进行了 21 个月的社会调查，通过亲身观察与亲身交往直接了解英国的工人阶级，了解他们的愿望，他们的痛苦和欢乐，同时又以必要的可靠的资料补充自己的观察。在此基础上，恩格斯撰写了著名的《英国工人阶级状况》。这部著作以生动具体的材料展现了工人阶级在资本主义制度下惨遭剥削和压迫的情景，揭示了工人遭受蹂躏的社会根源。曼彻斯特调查使恩格斯的世界观开始发生了根本的转变。

在具体研究方法上，马克思、恩格斯主要采取两种方法：一是观察法。马克思是"工人阶级的阅听人"，在巴黎和布鲁塞尔的那些年，马克思与德国以及其他国家的工人阶级有了联系，并且逐步走入工人阶级。在与工人阶级的交往中，马克思采取平等的态度。他

不是以教育者自居，而是和他们共同分享在工人阶级的解放事业中他所发展起来的新科学的成果；二是文献法。马克思重视文献的作用，并且善于从第一手文献中整理笔记，其中较为著名的有《巴黎笔记》《布鲁塞尔笔记》《伦敦笔记》等，马克思在批判地继承前人优秀理论遗产的基础上，建立起自己探索资本主义生产方式运动规律的新理论。

### (二) 列宁与社会调查

列宁为了把马克思主义同本国的实际情况结合起来，从青年时期就一直重视社会调查。1893 年春，列宁写成了《农民生活中新的经济变动》，这篇农村调查报告是他的第一部著作。1894 年，列宁在工人间进行调查，也在一个夜校给工人上课，前一半时间给工人讲马克思的《资本论》，后一半时间则用来详细了解工人的工作和劳动条件。1897 年，列宁被流放到西伯利亚以后，在阅读和整理大量文献资料的基础上，于 1899 年写成《俄国资本主义的发展》。列宁自己认为，这本书是根据调查与统计资料对俄国社会经济制度和阶级结构所作的分析，为认识俄国社会、制定革命战略奠定了认识基础。

列宁十分重视抽样调查。他曾对平兹省地方自治局的农户抽样调查作过评价。在他的调查研究中，也经常使用统计方法，如计算平均数的方法。列宁根据统计分类法，将大量材料分成若干同类组，认为这是确定社会关系与社会现象类型的基础。列宁认为，按同类组计算出来的平均数，可以显示同类现象的一致性，反映社会的性质。但平均数能消除个别的区别，并以此掩盖所研究现象中新的、为数甚微的东西增长的可能性。列宁举例说："将大小作坊混合在一起而得出的'平均'数字是完全虚假的，这些数字丝毫不能说明实际情况，抹杀了最根本的差别，并把种类根本不同、成分完全相异的东西描述为同类的东西。"

十月革命胜利之后，列宁把社会调查列为全党的一项基本工作，1918 年他指出当前的"首要任务之一是组织一系列的社会调查"。根据列宁的要求，俄共(布)中央组织了大规模的全国性调查，其中，农村调查尤为突出。列宁的社会调查思想，对我们研究中国的社会状况有很大的指导意义。

## 三、中国社会学者的社会调查

中国社会学者的社会调查，对认识中国社会状况有重要意义，为社会调查研究方法的发展和中国社会学学科建设作出了贡献。

### (一) 中国近现代的社会调查

20 世纪初，马克思主义传入中国。不久以后，西方社会学也逐步在中国一些大学传播，吸引了不少有志于改造中国社会的年轻学者与学生，他们关心社会问题，参加社会调查。

从 20 世纪 20 年代开始，社会调查在中国兴起。

中国早期社会学者的社会调查，始于家庭调查与生活费统计分析。1923 年，陈达组织学生对清华大学附近 91 个家庭、安徽休宁县湖边村 56 个家庭的生活费用进行了调查。1924年开始，李景汉先后对北京地区人力车夫的家庭、工作场所和农民家庭进行了调查。1929年，陈翰笙进行了 3 个月的无锡农村调查，记录了 55 个村的概况和工商业情况，1933 年，他在广东农村调查了几十个村农民的生活状况。这些调查基本上是描述性的，只是反映了社会底层群众的生活状况，形成了一些经验理论，而没有得出革命的政治结论。

中国早期社会学者重视实地调查，对于社会调查方法的科学化有一定的作用。李景汉从 1928 年开始，在定县进行了实地调查，使用了简单随机抽样、机械抽样、分类抽样、个案调查、访问调查等方法，为调查方法的发展作出了贡献。费孝通 1936 年在江苏苏州市吴江县开弦弓村调查，1938 年在云南省昆明市禄丰县大白厂村调查，都采用了实地观察与访问等社区调查方法。

## (二) 当代中国的社会调查

1956 年至 1964 年间，中国政府组织开展了中国历史上首次系统的全国少数民族社会历史状况的科学调查，在调查研究的基础上，编写出各少数民族的"简史""简志"和"简史简志合编"初稿 57 本，比较翔实地记录了各民族历史和现状，是非常可贵的第一手材料，为中国少数民族确认提供了科学依据。

在 1953 年、1964 年、1982 年、1990 年、2000 年和 2010 年分别开展的历次全国人口普查，为国家管理、为制定国民经济和社会发展计划(规划)提供了重要依据。事实上，为了更加切实地了解实情和做好规划，各级政府都越来越重视相关数据和信息的收集整理和统计分析。

随着政府对社会科学研究的重视程度，一些大型的社会调查得以实施。例如，20 世纪80 年代初期，在雷洁琼指导下开展了五城市(北京、天津、上海、南京、成都)家庭婚姻问卷与访问调查。费孝通在江苏、浙江、广东等地进行了小城镇与区域发展模式的调查。从1988 年开始，由中国社会科学院组织开展了大型调查研究项目——"百县市经济社会调查"，历时数载，出版了系列中国国情丛书。2003 年又在国家社会科学基金重点课题资助下开展了"中国百县市经济社会追踪调查"项目。从 2003 年开始，中国人民大学社会学系和香港科技大学调查研究中心、南开大学社会学系、南京大学社会学系、上海社会科学院社会学研究所等多个学术单位合作，开展中国综合社会调查(CGSS)，每隔一到两年组织一次，调查项目更新与追踪比较兼顾，产出了大批研究成果。从 2004 年开始，江苏省社会科学院组织"新社会阶层调查"，一年进行一次较大规模的问卷调查、个案访谈，对各个新社会阶层基本状况、政治参与、社会责任以及与其他阶层的关系进行定量与定性分析。2008 年，北京大学"中国家庭动态跟踪调查"项目开始试调查，收集个体、家庭、社区 3 个层次的数据，反映中国社会变迁。目前，已有多家高校和科研机构，相继开展了系统的连续性社会调查，并尝试相互合作，完善社会学研究基础设施，推动社会学研究数据开放和共享。

中国社会调查的发展过程，是几代社会学者不断借鉴新技术、新方法应用于解决社会现实问题的过程，同时也是马克思主义社会调查方法在中国国情下不断完善、不断创新的过程，也是中国社会学学科持续发展的过程。特别是在近年来，中国社会学者使用现代社会学调查研究方法，开展的各种社会调查不断增多，研究方法的科学性不断增强，研究成果的质量不断提高，为中国改革开放和社会建设实践提供理论和实践指导意义的功能也在不断增强。

## 四、中国共产党的社会调查

中国共产党在领导中国革命、建设和改革事业中非常重视开展社会调查。毛泽东、邓小平、江泽民、胡锦涛、习近平等中国共产党领导人，都曾深入阐述社会调查的重要性，并亲自开展了广泛的社会调查，在实践中形成了一整套科学的方法传统。

中国共产党诞生之后，毛泽东等中国共产党人就对中国社会各阶级的状况进行了广泛调查，这些调查为中国共产党在领导新民主主义革命过程中选择战略道路、制定具体政策提供了可靠依据，同时在调查方法方面也作出了许多创造性的贡献。新中国成立后，尤其是改革开放以来，中国共产党继续发扬密切联系群众和理论联系实际的作风，坚持深入实际开展调查研究，以此作为制定路线方针政策的基本依据，有力地推动了中国特色社会主义革命、建设和改革事业。

### (一) 在革命时期进行的社会调查

毛泽东在 1926 年至 1934 年间，作了许多广泛而深入的农村社会调查。他提倡"深入实地"，使用"召开座谈会""解剖麻雀""典型调查"等方法，先后在湖南、江西、福建、陕西等地作了大量的实地调查。

#### 1. "一般化"典型调查法

1926 年，毛泽东在湖南湘潭西乡把佃农张连初一家选作典型，进行了细致的调查。他在叙述调查材料时，从特殊上升为一般，不用真实姓名，而以"假定事实"的方法，描述了一个有一妻一子的佃农的家庭支出与收入情况：年收入 147.72 元，支出 167.36 元，透支 19.64 元。并且指出，要保证 147.72 元的年收入，还需假定具备 6 个条件：一是绝无水、旱、风、雹、虫、病各种灾害；二是身体熬炼，绝无妨碍工作之疾病；三是精明会转计(会计算)；四是所养猪牛不病不死；五是冬季整晴不雨；六是终年勤劳，全无休息。从而指出这 6 个条件几乎是不可能具备的。"这就是中国佃农比世界上无论何国之佃农为苦，而许多佃农被挤离开土地变为兵匪游民之真正原因。"这种方法就是把调查中发现的有关情况确定为某一类事实的典型，从而推及一般。毛泽东以相当规模的社会考察为基础，因而这种从典型情况推及一般的描述方法是可行的。

### 2. 专题性典型调查法

为了搞清楚中国富农问题、农村商业问题，毛泽东于 1930 年 5 月作了寻乌调查；为了搞清楚各阶级在土地斗争中的表现，他在 1930 年 10 月作了兴国调查；为了搞清楚村、乡两级苏维埃在土地斗争中的组织与活动情况，他在 1930 年 11 月对吉安县儒坊区李家坊乡、吉水县同水区第十五乡东塘村等地作了实地调查。毛泽东在残酷的战争环境下，利用各种机会随时随地进行实地考察，或找一些人座谈。毛泽东把这些典型调查作为制定政策、检查政策偏差的基础，从而使这些调查很快产生实践意义，推动中国革命运动健康地发展。

### 3. 阶级观察与分析方法贯穿典型调查

毛泽东的阶级分析观点与方法，在 1926 年就已经基本确立。那年他在调查研究的基础上，对中国的社会结构进行了宏观的阶级分析。毛泽东指出："我们调查工作的主要方法是解剖各种社会阶级，我们的终极目的是要明了各种阶级的相互关系，得到正确的阶级估量，然后定出我们正确的斗争策略。"在毛泽东那里，阶级分析既是指导社会调查研究的方法论，又是开展实际社会调查研究的具体方法。

### 4. 在典型调查中使用预测法

1927 年 1 月 4 日至 2 月 5 日，毛泽东到湖南实地考察了湘潭、湘乡、衡山、醴陵、长沙五县农民运动的情况，回答了党内外关于农民革命斗争"糟得很""过分"等责难，并且预言说："很短的时间内，将有几万万农民从中国中部、南部和北部各省起来，其势如暴风骤雨，迅猛异常，无论什么大的力量都将压抑不住。"实践证明，毛泽东这一预言是正确的。在 1930 年的兴国调查中，毛泽东发现地主和富农共占有当地土地总量的 80%，地主人口不过 1%，富农人口也不过 5%，而贫农、中农人口则占 80%。在这些实证资料基础上，毛泽东得出"革命"的结论，因为只有通过革命才能改变这种不合理的土地占有状况。他预测：革命必定胜利，因为这个革命将获得 80% 以上的人民的拥护与赞助。

毛泽东不仅自己身体力行地实施实地调查的方法，而且还向全党、全军的干部推荐这种方法，领导红军以及解放区的各级干部进行社会调查，红军每到一个地方，都首先调查当地的阶级状况，再提出切合群众需要的口号，这对中国革命起到了极大的推动作用。1941 年，在毛泽东和党中央的倡导下，不少领导干部在延安开展了一系列社会调查，其中，比较典型的有张闻天组织的陕北米脂县杨家沟调查，柴树藩、于光远等在绥德、米脂一带的社会调查等。深入群众、实地调查、通过调查取得发言权，成为中国共产党的优良传统之一。

### (二) 中华人民共和国成立以后的社会调查

中华人民共和国成立以后，毛泽东等党和国家领导人仍然十分重视社会调查，强调实际政策的决定，一定要根据具体情况，坐在房子里面想象的东西，和看到的粗枝大叶的书面报告上写着的东西，绝不是具体情况。倘若根据"想当然"或不符合实际的报告来制定政策，那是危险的。毛泽东多次要求并组织社会调查，要求决策者应该把主要的精力放在调查研究上，实地调查收集经验资料，作为获得正确的社会认识与制定政策的依据。

毛泽东经常到各地了解实际情况，并亲自组织对一些重大问题进行调查研究。1956年，他和党中央其他领导人一起，用了一个半月的时间，听了 34 个部委的汇报，仔细了解各条战线取得的成绩、存在的问题和工作中的经验教训，在此基础上写出了《论十大关系》的重要著作，为探索适合中国特色社会主义道路，作出了积极的努力。可以说，《论十大关系》就是调查研究的产物。

1961 年，为了克服在国民经济中遇到的严重困难，了解各方面的真实情况，采取正确的政策措施，毛泽东亲自组织了 3 个调查组，分别到浙江、湖南、广东进行调查。刘少奇、周恩来、朱德、陈云、邓小平等也深入基层进行调查研究。在此基础上，制定了"农业六十条"，对于纠正"左"的错误，推动国民经济的恢复和发展起到了极为重要的作用。

党的十一届三中全会以后，邓小平、江泽民、胡锦涛等中央领导高度重视调查研究工作，把调查研究作为党同人民群众保持密切联系的重要渠道，作为党的一项基本工作方法和领导制度。邓小平指出："我们办事情，做工作，必须深入调查研究，联系本单位的实际解决问题。"江泽民指出：调查研究是"谋事之基、成事之道""尽管我们现在进行调查研究的对象、内容、手段、条件都发生了新的变化，但是调查研究在党的决策和全部领导工作中的地位和作用，不仅丝毫没有改变，而且显得更为重要"。胡锦涛强调，要加强对构建社会主义和谐社会重大问题的调查研究和理论研究，着力提高构建社会主义和谐社会的本领。

邓小平在领导全党进行拨乱反正、总结历史经验教训的同时，对一系列关系经济和社会发展全局的重大问题，进行了深入的调查研究，在此基础上，作出了一系列推进改革开放的重大决策。1992 年春，他不顾近 90 岁的高龄，亲自到武昌、深圳、珠海、上海等地考察调研，研究思考中国改革开放的许多重大问题，发表了著名的"南方谈话"，有力地推动了中国改革开放和现代化建设进入一个新的历史阶段。20 世纪 90 年代以来，为了适应世情、国情和党情的变化，中国共产党开展了"讲学习、讲政治、讲正气"集中学习教育活动，其中，一个很重要的方面，就是要求党员干部坚持深入实际的工作作风，广泛开展调查研究，摸清情况、找准问题、推动工作。随后中国共产党又开展了以学习"三个代表"重要思想为主要内容的保持共产党员先进性的教育活动，开展了深入学习实践科学发展观活动，这些集中教育活动，也都把是否坚持深入实际、调查研究，作为学习教育活动的主要内容和考核、检查领导干部工作的重要标准。深入实际、调查研究，为发现和解决改革发展中出现的问题、推动经济社会的快速发展发挥了积极作用。

1993 年，为了贯彻党的十四大提出的建立社会主义市场经济体制的决定，中央组织开展了大规模的调查研究，围绕深化经济体制改革，围绕经济社会发展中的重大问题，深入群众，做了一批有质量的典型调查、专题调查、系统调查，最终制定下发《中共中央关于建立社会主义市场经济体制若干问题的决定》。进入 21 世纪后，构建和谐社会的任务日益迫切，为了保证和谐社会建设的顺利推进，中央组织开展了广泛深入的调查研究，作出了深化社会体制改革、加强社会建设和管理、着力保障和改善民生等一系列重大决策，对推动科学发展、促进社会和谐发挥了重要作用。

党的十八大以来，中央高度重视调查研究，中央八项规定的第一条，就是要"改进调查研究"。习近平总书记在一系列重要讲话和文章中，形成了系统的调查研究思想，并身体力行，深入基层、深入群众开展调查研究，为全党做出了表率。习近平总书记通过 5 个"过程"的概括，简明而深刻地阐述了调查研究的意义和内涵："调查研究是一个了解情况的过程""调查研究是一个推动工作的过程""调查研究是一个联系群众、为民办事的过程""调查研究也是一个自我学习提高的过程""调查研究的过程就是科学决策的过程"。同时，习近平总书记以"深、实、细、准、效"5 个字，指明了调查研究应当达到的要求。当然，调查研究最终是为了作出正确的决策。调查研究就像"十月怀胎"，决策就像"一朝分娩"。习近平总书记关于调查研究的思想，丰富和发展了马克思主义关于调查研究的理论，有力地指导着中国特色社会主义实践。正是在广泛深入的调查研究基础上，党的十九大作出了"中国特色社会主义进入新时代""我国社会主要矛盾已经转化为人民日益增长的美好生活需要和不平衡不充分的发展之间的矛盾"的重大论断。

总之，改革开放以来的每一次重大政策出台之前，中央都要进行全面深入的调查研究，这已经成为一条重要的工作原则和工作制度。这一原则和制度，保证了决策的科学化和民主化，保证了党的路线方针政策更加符合中国经济社会发展的实际和广大人民群众的需要，同时，也为社会学研究服务于中国特色社会主义伟大实践开辟了广阔空间。

## 第三节　经管类专业调研与劳动教育的融合

### 一、经管类专业调研方法中的问题

作者以某学院的本科生为调查对象研究发现以下问题。

### 1. 社会研究方法类课程涵盖不充分

该院各专业虽然把开设研究方法类课程的要求写进了本科生培养方案中,将多数社会研究类方法课程设为专业必修课,但是除了初级计量经济学和社会统计学这两门课程分别有 86.96%和 69.57%的学生学习过以外,其他社会研究方法类课程的选课比例较小。这说明学生对于社会研究方法类课程不够重视。通过比较大三学生和大四学生的调查结果发现,大三学生对社会研究方法类课程的选择概率高于大四学生的选择,说明学校和学生在重视社会研究方法类课程方面逐渐加强。

### 2. 社会研究方法类课程设置不完善

在所有开设的社会研究方法课程中,社会统计学/统计学的选择频率最高,其次是初级计量经济学,统计分析软件、R 语言和论文写作指导的选择频率较低。说明该院在课程设置方面重理论轻实践,对于学生如何搜集数据、整理数据、分析数据等方面能力的训练不足。

### 3. 在教学方法上与实践联系不紧密

社会研究方法类课程的教学地点多数在教室或者机房,学生没有机会参加社会调查,并通过实地调研发现问题、分析问题、解决问题。经问卷发现仅有 13.44% 的同学参加过社会调查,86.56% 的学生没有参加过社会调查。多数学生只学到了理论知识,缺少将理论知识与实践相结合的机会,不能在实践过程中检验理论知识。

### 4. 社会研究类方法的掌握不牢固

通过调研发现,学习过各类社会研究类方法的学生对课程的掌握程度不牢固,多数学生对社会研究类方法掌握程度一般,掌握程度非常牢固的学生每个年级学生均不足 5%;对社会研究类方法课程比较了解的学生每个年级几乎在 10% 以上,但是大三的学生占20.54%,所占比例较高,这可能和社会研究类课程在大学三年级的学生中开设较多有关。

## 二、经管类专业社会实践中的调研劳动

大学生社会实践的专业性效果是指大学生在进行社会实践时,从本专业出发,立足专业优势,确立专业性的调研主题,在实践中将专业知识落到实处,在实践中增进对专业理论的理解、领悟、深化,从而达到劳动教育与社会实践的有效结合。

### 1. 确定调研主题,以研究项目为载体进行社会实践

依托研究项目的主题式社会实践,使劳动教育和专业结合得更加紧密,并具有针对性和时效性,更能达到社会实践专业性功效。此类社会实践活动必须由专业教师进行指导。鉴于大学生研究能力有限,可以由指导教师结合自己的研究课题,将其子项目作为学生考察的主题,供学生参考、选择。各专业教师围绕自己的研究项目或者其中的子项目设计选

题，有相似专业背景的学生自由组队选择适合本专业的题目进行社会实践，通过一段时间的集中活动完成对某一专业课题项目的调研走访。同时，为深化社会实践成果、避免集中专门时段调研的弊端，院系可允许社会实践团队除在假期调研之外，还可以利用周末继续调研，当年无法结题的实践项目可以申请在第二年结题，并进行成果汇报。

### 2. 依托社会实践基地，以专业岗位为载体进行社会实践

以专业岗位为载体的社会实践，主要指以就业为导向，以落实专业知识为内容，依托社会实践基地提供的具体岗位进行的社会实践活动。专业岗位式的社会实践对大学生在短时间内体验、了解专业领域工作性质有非常好的效果。大学生可以在院系的集中安排下进行，也可以根据实践基地要求分散实践。根据多年的专业岗位式的社会实践活动经验，这种依托社会实践基地的实践活动，既有利于了解实践基地，及时、准确获得该研究领域的最新、最前沿的理论知识，也满足了实践基地的用人需求。这也是培养大学生职业预见性的有效方法。比如一些专业性较强的行业，如注册会计师、电子商务师等，由于此类行业对于学历、资格证的取得有相当严格的程序，所以，对于在校生而言，课本所学的仅是简单的体系框架，还未涉及具体的操作，因此，在就业时就会由于动手能力的薄弱而使其竞争力下降。如果提前进入专业岗位式的社会实践活动中，学习、体验了此类实践活动的工作经验，不仅对于自身职业发展方向具有非常重大的意义，而且对于未来的求职也有非常重要的意义。

经管学院"绿水乡居"团队以"电池非废品，回收我有心"为主题，基于前期问卷设计，在暑假期间前往江苏省淮安市淮阴区高家堰进行实地走访，调研分析村民对废旧电池的处理现状，普及宣讲废电池有哪些危害、如何处理废电池以及采用何种正确方法分类回收，积极响应习近平总书记提出的"绿水青山就是金山银山"的绿色发展理念。

## 三、社会调查研究报告的撰写

### 1. 报告撰写步骤

(1) 确定主题：精心地确定和提炼主题，是写好调查报告的关键。一篇调查报告的材料如何取舍，结构如何安排，语言如何表达，标题如何拟定，都要根据主题的需要来加以确定。

(2) 选择材料：要从大量调查资料中挑选出最能充分表现主题的材料，力求避免不加选择、不分主次的材料堆砌。

(3) 拟定提纲：提纲是调查报告的基本构架或骨架。有了提纲可使调查报告通篇一致，首尾贯通，重点突出，逻辑关系顺畅。

(4) 写作初稿：当材料选好、提纲拟定之后，可动笔撰写。撰写时要按提纲进行，要

一气呵成，不能写写停停，以免打乱思路。

(5) 修改定稿：一篇好的调查报告多是精心修改的结果。修改报告主要从报告的主体内容和表现形式两方面着手。

### 2. 报告撰写要点

(1) 写作语言简单、朴实。行文要开门见山、平铺直叙，不拐弯抹角。用尽可能简单明快的字句表达尽可能丰富的内容。无论是描述事物现状，还是论证研究结论，都应尽量使用通俗易懂的语言。

(2) 叙述事实力求客观、准确，应避免使用主观或感情色彩较浓的语句。力求叙述事实真实可靠，引用数据准确无误。

(3) 撰写报告，既要有篇的观念，也要有段的观念。一份调查报告固然是一个整体，但篇中的段落也应具有一定的独立性。段落的长度要适中，既不冗长，也不零散。段落过长，容易使人在阅读时产生沉闷感、疲劳感，而且往往会把几个意思混到一起；段落过短，则容易给人一种跳跃的感觉，使报告缺少沉实感，而且往往会把一个意思拆开写。

(4) 调查报告的前言(绪言)部分，要写清社会调查的背景，社会调查的时间、地点、对象、方法、过程等方面内容。

(5) 调查报告的结论部分要真正起到收束全文的作用。结论应是全文内容的归结，既不要草率收篇，不当止却止；也不要画蛇添足，当止而不止。

## 活 动 与 训 练

活动主题：以学生发展为中心的社会调研设计

活动形式：研讨

活动要求：学生自行分成学习小组，请就在一项调查研究方案设计中如何体现以学生为中心的主题进行讨论。

## 课 后 反 思

1. 青年大学生如何做好调查研究？

2. "一语不能践，万卷徒空虚"，完成好一项高质量、高效益的调研，需要具备哪些能力？

3. 经管类专业的调研如何贯彻"到群众中去、到实践中去"的要求？

## 补充阅读材料

### 调查研究常用的 9 个方法

选择合适的调研方法直接关系到调研工作的开展。笔者结合调研工作实际，将常用的九大调研方法进行介绍分析，供大家调研时参考。

(1) 实地观察法。调查者在实地通过观察时获得直接的、生动的感性认识和真实可靠的第一手资料。但因该法所观察到的往往是事物的表面现象或外部联系，带有一定的偶然性，且受调查者主观因素影响较大，因此，不能进行大样本观察，需结合其他调查方法共同使用。通常适用于对那些不能够、不需要或不愿意进行语言交流的情况进行调查。

(2) 访谈调查法。该法是比实地观察法更深一层次的调查方法，它能获得更多、更有价值的信息，适用于调查的问题比较深入，调查的对象差别较大，调查的样本较小，或者调查的场所不易接近等情况。包括个别访谈法、集体访谈法、电话访谈法等。但由于访谈标准不一，其结果难以进行定量研究，且访谈过程耗时长、成本较高、隐秘性差、受周围环境影响大，故难以大规模进行。

(3) 会议调查法。这种方法是访谈调查法的扩展和延伸，因其简便易行故在调查研究工作中比较常用。通过邀请若干调查对象以座谈会形式来搜集资料、分析和研究社会问题。最突出的优点是工作效率高，可以较快地了解到比较详细、可靠的社会信息，节省人力和时间。但由于这种做法不能完全排除被调查者之间的社会心理因素影响，调查结论往往难以全面反映真实的客观情况。且受时间条件的限制，很难做深入细致的交谈，调查的结论和质量在很大程度上受调查者自身因素影响等。

(4) 问卷调查法。即间接的书面访问，该法最大优点是能突破时空的限制，在广阔的范围内，对众多的调查对象同时进行调查，适用于对现时问题、较大样本、较短时期、相对简单的调查，被调查对象应有一定文字理解能力和表达能力。如对某地区农村党员教育培训情况调查、中小学教师队伍科研现状的调查等。由于问卷调查法只能获得书面的社会信息，而不能了解到生动、具体的社会情况，因此，该法不能代替实地考察，特别是对那些新事物、新情况、新问题的研究，应配合其他调查方法共同完成。

(5) 专家调查法。这是一种预测方法，即以专家作为索取信息的对象，依靠其知识和经验，通过调查研究，对问题作出判断和评估。它的最大优点是简便直观，特别适用于缺少信息资料和历史数据，而又较多地受到社会的、政治的、人为的因素影响的信息分析与预测课题。其广泛应用于对某一方案做出评价，或对若干个备选方案评价出相对名次，选出最优者，并对达到某一目标的条件、途径、手段及它们的相对重要程度做出估计等。

(6) 抽样调查法。指按照一定方式，从调查总体中抽取部分样本进行调查，并用所得结果说明总体情况。它最大的优点是节约人力、物力和财力，能在较短的时间内取得相对准确的调查结果，具有较强的时效性。组织全面调查范围广、耗时长、难度大，常采用抽样调查的方法进行检查和验证。比如，开展全省党风廉政建设社会民意调查、流动党员现状社会调查等。抽样调查法的局限性在于抽样数目不足时会影响调查结果的准确性。

(7) 典型调查法。指在特定范围内选出具有代表性的特定对象进行调查研究，借以认识同类事物的发展变化规律及本质的一种方法。在调查样本太大时，可以采用此种方法。但必须注意对象的选择，要准确地选择对总体情况比较了解、有代表性的对象。如某地级市开展对区县市农村党员致富情况的调查，应选取经济发展较快、农村党员致富能力较强的县市作为典型调查对象。

(8) 统计调查法。即通过分析固定统计报表的形式，把下边的情况反映上来的一种调查方法。由于统计报表的内容是比较固定的，因此，适用于分析某项事物的发展轨迹和未来走势。如通过党员统计年报表，可以分析出某地全年党员的发展、转接、流动等情况，并能分析出比上年同期增减情况，还可对下一步趋势作出预测。运用统计调查法，特别要注意统计口径应统一，以统计部门的数字为准，报表分析和实际调查相结合，不能就报表进行单纯分析。如某一个数据大幅度上升或下降的原因，报表中难以反映出来，只有通过实际调查才能形成完整概念。

(9) 文献调查法。指通过对文献的搜集和摘取，以获得关于调查对象信息的方法。适用于调查研究对象在一段时期内的发展变化，研究角度往往是探寻一种趋势，或弄清一个演变过程。这种方法能突破时空的限制，进行大范围的调查，调查资料便于汇总整理和分析。同时，还具有资料可靠、用较少的人力物力收到较大效果等优点。但它往往是一种先行的调查方法，一般只能作为调查的先导，而不能作为调查结论的现实依据。

以上介绍的只是经常被采用的九种方法。事实上，在调查研究工作中，调查者经常不拘泥于某种特定方法，而是相互交错、灵活运用这些方法。

# 第八单元

# 创新创业

**【周恩来总理说劳动】**

"我们要实现农业现代化、工业现代化、国防现代化和科学技术现代化，把我们的祖国建设成为一个社会主义强国，关键在于实现科学技术现代化。"

——《周恩来经济文选》，中央文献出版社 1993 年版，第 503 页。

## 学习指南

本单元主要介绍创新、创业、创新创业的内涵以及特征，创新与创业之间的辩证关系，引导大学生树立中国特色社会主义创新驱动发展理念。通过学习理解马克思创新劳动价值论，开拓教育融合的实践路径，更好地弘扬新时代劳动精神。

## 课程标准

| 考核标准点 | 具 体 内 容 |
|---|---|
| 知识 | 1. 深入理解创新、创业的概念，了解创新创业的关系<br>2. 理解中国特色社会主义创新驱动发展理论<br>3. 学习理解马克思创新劳动价值论思想 |
| 技能 | 1. 能够掌握基本的创新创业的途径方法<br>2. 能够懂得规避创新创业风险<br>3. 能够按照正确的创新劳动价值观开展学习和生活 |
| 态度 | 1. 端正对创新创业的思想认识和创新实践态度<br>2. 认同开展创新创业教育的重要性<br>3. 具有独立认知创新劳动、崇尚创新创业的态度 |

## 导入案例

### 华为 Mate 60 启示录：科技自立自强大有可为

"未发先售"的华为 Mate 60 Pro 在全球引发拆解热潮，全行业都对 Mate 60 系列所搭载的国产新型麒麟 9000S 如何成功突破美国芯片禁令防线充满好奇。

就芯片处理能力而言，拆解结论普遍指向麒麟 9000S 已达到 5G 芯片水平。就制造工艺而言，2023 年 9 月 4 日，著名半导体行业观察机构 TechInsights 发布的拆解报告称，麒麟 9000S 采用先进的 7 纳米技术，代表了中国设计和制造的里程碑。TechInsights 副主席哈彻生分析称，华为 Mate 60 Pro 搭载的芯片虽然不是最先进的，但距离最先进技术也就在 2～2.5 节点范围内。在央视一档访谈节目中，中国信息经济学会常务副理事长吕廷杰对此进一步分析称，"2～2.5 节点意味着我们与先进制程的 5G 芯片还有 3～5 年的差距。不过，3～5 年是西方国家根据他们的技术进步速度判断的，而我国往往能用'中国速度'完成超越。"

吕廷杰表示，此次完成了从 0 到 1 的进步，解决了智能手机先进的 5G 芯片问题，但必须承认距离最先进技术还有很大差距。"即将发布的 iPhone 15 系列已经用到 4 纳米的芯片，现在麒麟 9000S 应该是达到或接近 7 纳米技术，但是从 7 纳米到 5 纳米再到 4 纳米，不是一个线性的时间问题，复杂度会越来越高，需要一个很长、很艰难的研发过程。"

《中国经营报》记者也注意到，在华为 Mate 60 系列的宣传片中，U 形的雅鲁藏布江转折点画面反复出现，似乎在暗示，这是华为手机的大转折。实际上，这不仅是华为的转折，也是国内科技的转折，"面对急弯，江川汇聚，奔涌向前"，中国的科技自立自强大有可为。

Mate 60 Pro 的推出，不仅是一次技术上的盛会，也是华为这四年来不懈努力的成果。从 Mate 40 到 Mate 60，华为在这一次转型的过程中，经历了无数的困难和挑战。华为在建立自己芯片的过程中，受到了外界的巨大打压，无论是芯片材料，还是设备，甚至是关键技术。但华为以其坚韧不拔的毅力和不断的创新，最终突破了这一困境，并发布了麒麟 9000S 系列产品。

华为 Mate 60 Pro 的发布，不但标志着华为在芯片工艺上取得了重大突破，同时也标志着华为在操作系统、摄像头、屏幕等关键部件上，都实现了自主研发。这意味着，华为已经具备了对自己产品的完全控制能力。

## 第一节　创新创业内涵

### 一、创新创业的概念

#### 1. 关于创新

创新是人类特有的活动。创新是在意识支配下进行的创造性活动，在人类社会之外，其他动植物只是进化、演化，而不是创新。创新是有规律的实践活动。它以扎实的专业知识为基础，以艰苦卓绝的精神劳动为途径，以敏锐的观察力、丰富的想象力、深刻的洞察力为导向，反映符合事物发展要求的基本规律，是一种有规律的实践活动。创新是突破性的实践活动。它不是一般的重复劳动，更不是对原有内容的简单修补，而必须是突破性的发展、根本性的变革、综合性的创造。

创新具有以下几个方面的特征：一是目的性，任何创新活动都有一定目的，这个特性贯穿于创新过程的始终；二是变革性，创新是对已有事物的改革和革新，是一种深刻的变革；三是新颖性，创新是对现有事物的扬弃，革除过时的内容，确立新事物；四是超前性，创新以求新为灵魂，具有超前性，这种超前是从实际出发、实事求是的超前；五是价值性，创新有明显、具体的价值，对经济社会具有一定的效益。

#### 2. 关于创业

创业就是指创业者对自己拥有的资源或通过努力能够拥有的资源进行优化整合，发现和识别商业机会，成立活动组织，创造出产品和服务，从而创造出更大经济价值或社会价值的过程。

在创业过程中，创业机会、创业团队和创业资源是不可缺少的要素。创业机会就是创业者可以利用的商业机会。从创业过程的角度来说，创业机会是创业的起点，创业过程就是围绕创业机会进行识别、开发、利用的过程。创业团队是指在创业初期(包括企业成立前或成立早期)，由一群才能互补、责任共担、愿为共同目标而奋斗的人组成的特殊群体。创业资源是指新企业在创造价值的过程中需要的特定资产，包括有形资产与无形资产。它是企业创立和运营的必要条件，主要表现为创业人才、创业资本、创业技术和创业管理等。没有机会，创业活动就成了盲目的行动；机会虽然普遍存在，但是，如果没有创业团队去识别和开发，创业活动也不能发生。创业团队不仅需要把握机会，还需要获得资源，否则机会将无法被开发利用。

### 3. 关于创新创业

创新创业是指基于技术创新、产品创新、品牌创新、服务创新、商业模式创新、管理创新、组织创新、市场创新、渠道创新等方面的某一点或几点创新而进行的创业活动。创新是创新创业的特质，创业是创新创业的目标。

创新创业是基于创新基础上的创业活动，既不同于单纯的创新，也不同于单纯的创业。创新强调的是开拓性与原创性，而创业强调的是通过实际行动获取利益的行为。

创新创业与传统创业的根本区别在于在创业活动中是否有创新因素。这里的创新不仅指的是技术方面的创新，还包含管理创新、知识创新、流程创新、营销创新等方面。

总之，只要能够给资源带来新价值的活动就是创新。在某一方面或者某几个方面进行创新并进而创业的活动，就是创新创业。没有在任何方面进行创新的创业就属于传统创业。

## 二、创新创业的特征

### 1. 高风险

创新创业是建立在创新基础上的创业，但是创新受到人们现有认知、行为习惯等方面的影响，会面临被接受的阻碍，因而创新创业会面临比传统创业更高的风险。正如彼得·德鲁克所言：真正重大的创新，每成功一个，就有 99 个失败，有 99 个闻所未闻。

### 2. 高回报

创新创业是通过对已有技术、产品和服务的更优化组合，对现有资源的更优化配置。它能够给客户带来更大、更多的新价值，从而开创所在创业领域的"蓝海"，获取更多的竞争优势，也获取更大的回报。

### 3. 促进上升

创新创业是在创新基础上的创业活动，创新是创业的基础和前提，同时创业又是创新成果的载体和呈现，并在创业活动过程中不断优化资源配置、总结提炼，以实现创新的更新与升级。创新带动创业，创业促进创新。

## 三、创新与创业的辩证关系

### 1. 创新是创业的源泉

创新是创业的源泉，是创业的本质和灵魂。创业因创新而生，创新因创业而实现其价值。创业通过创新拓展商业视野，获取市场机遇，整合独特资源，推进企业成长。没有创新的企业，生存空间就会不断缩小，就不可能产生自己的核心竞争力并获得必要的竞争优势。

创新的前提是创意，创新的延续是创业。创意和创新本质上属于思维、观念、方法、模式等上层建筑，并不能从根本上解决经济基础问题，唯有通过创业才能将创意和创新落到实处。从某种程度上讲，创新的最终价值就在于将潜在的知识、技术和市场机会转化为现实生产力，实现社会财富增长，造福社会。否则，创新也就失去了意义，而实现这种转化的根本途径就是创业，创业者通过创业实现创新成果的商品化和产业化，将创新的价值转化为具体、现实的社会财富。创业者不一定是创新者或发明家，但必须具有能发现潜在商业机会并敢于冒险和勇于开拓创新的特质；创新者也未必是创业者或企业家，其产生的科技创新成果必须经由创业者推向市场，使其潜在价值市场化，创新成果因此才能转化为现实生产力。否则，创意再好的创新成果，也难以转化为社会财富。

### 2. 创业的本质是创新

创业的本质在于创新，创业的过程就是永远不断创新的过程。对于创业者来说，光有创新是不够的，但没有创新的创业活动是不长久的。创新与变革紧密关联。创业者不改变自己长期形成的思维模式，就难以识别出行业机会，也无法做到创新。很多时候，创业者很难开创新的行业，但是却可以在传统行业里做出不平凡的业绩，这背后就是创新，其中有技术创新，更有制度创新、管理创新和模式创新。

要进行创业必须具备一定的条件，资金、设备、技术、创业团队、知识和社会关系等都是重要的创业资本，但其中创新能力可以说是最重要的，创业者在创业过程中需要具有持续旺盛的创业精神、创新意识，需要独特、活跃、科学的思维方式，这样才能产生富有创意的想法或方案，才有可能不断寻求新的思路、新的方法、新的模式、新的出路，最终获得创业成功。创业企业的不断发展壮大必须依靠持续创新。绝大多数的伟大公司，一开始都是名不见经传的小公司，之所以能够获得今天的辉煌，其根本原因在于不断地创新，追求卓越，从而推进了企业持续快速发展。

## 四、创业板对科技创新的支撑

为支持高科技企业创新，2009 年 10 月 30 日，中国创业板正式上市。它承载着服务创新使命，有力推动了我国创新经济发展和产业结构调整。十几年来，创业板走过了"创业阶段"，如今已形成辨识度高、别具一格的板块特色。

创业板以九大战略性新兴产业为支柱，在先进制造、数字经济、绿色低碳等重点领域培育了一批具有创新强项的高新技术企业。截至 2023 年 10 月 27 日，创业板共 1311 家上市公司，总市值近 12 万亿元，其中，有近 400 家先进制造领域上市公司，近 9 成为高新技术企业，超 5 成为战略性新兴产业，企业市值近 3.5 万亿元；有数字经济领域上市公司超 300 家，市值近 3 万亿元；有近 200 家绿色低碳领域上市公司，市值超 2 万亿元。宁德时代上市五年收入增长 15 倍；迈瑞医疗上市五年净利润增长 3 倍；汇川技术上市十三年收入增长 75 倍，净利润增长 41 倍……一大批企业在登陆创业板舞台后，加大科技创新力度，突破关键核心技术，在实现高质量增长的同时，带动产业链上下游协同发展，成为推动我国经济高质量发展的创新引擎。

创业板创新成长特色更鲜明，有效引导更多资本流入创新创业领域。深交所数据显示，注册制下新上市公司 2022 年平均实现营业收入 21.27 亿元，同比增长 15.04%；超 460 家注册制下新上市公司实现盈利，占比超 95%；超 220 家净利润实现同比增长。在资本市场助力下，创业板公司不断加大研发投入。统计显示，注册制下新上市公司 2022 年研发投入合计超 300 亿元，平均研发投入超 6000 万元，同比增长超 20%。

# 第二节　创新创业与劳动的关系

## 一、劳动与创新的关系

劳动以及含义更为广泛的实践，它们与创新是一种相互依赖、相互促进的关系。萌芽状态的劳动超越了进化的节奏而产生于萌芽状态的创新。而萌芽状态的劳动一经产生，便对萌芽状态的创新不断提出新要求，从而推动了萌芽状态的创新不断发展。萌芽状态的创新不断发展的结果，必然促进萌芽状态的劳动不断发展。二者相互依存、相互促进的结果，使二者同时成为原始形态的劳动和原始形态的创新。

### 1. 劳动是创新的产物

在影响人类自身形成和发展的诸因素中，有两个相互联系的因素，一个是进化，一个是创新。劳动不是进化的直接产物，而是人类祖先在进化的基础上，在与不断发展变化的自然环境相互作用的过程中，不断创新的产物。正是由于一系列萌芽状态的创新活动，使古猿中的一支创造了萌芽状态的劳动，从而发展成腊玛古猿即过渡阶段正在形成的人；也正是由于缺乏必要的创新活动以及其他原因而难以适应自然环境的巨大变化，使古猿中的另一支单纯依靠进化发展成森林古猿。正是由于一系列萌芽状态的创新活动，使腊玛古猿中的一支不断发展了萌芽状态的劳动，从而使自身发展成南方古猿中接续腊玛古猿之后向人的方向发展的人类直系祖先；也正是由于缺乏必要的创新以及其他原因而难以适应自然环境的巨大变化，使与早期直立人共存的南方古猿的旁支在后来的进化中灭绝了。可见，创新与劳动以及人类自身的创造、生存和发展是息息相关的。

### 2. 创新是促进劳动发展的直接动因

首先，新的劳动领域的开辟有赖于创新。如农业劳动的产生有赖于类似神农氏尝百草那样的创新活动。畜牧业劳动的产生有赖于对狩猎活动的创新。其次，新的劳动工具的产生有赖于创新。如耒和耜有赖于树枝工具的创新，石刀、石斧有赖于对石片工具和石块工具的创新，而石戈、石矛则有赖于对树枝工具和尖石工具的组合创新。如果打制石器的方法不创新，就不可能靠自然进化产生磨制石器的方法。最后，劳动的组织、管理与社会化有赖于创新。如从采集捕猎混合作业的无组织形式到采集狩猎初步分工的有组织形式及至初步的社会分工，都是一次又一次创新的结果。总之，生产力的提高和生产关系的改进，都有赖于创新。

如果依据我们的祖先所使用的劳动工具的性质对劳动进行分类，可以将劳动分成五种类型：第一种，萌芽状态的劳动，使用天然工具，如树枝工具、石块工具；第二种，原始劳动，使用制造的原始工具，如打制石器、磨制石器；第三种，古代劳动，使用单纯凭借人力操作的工具，以后又发展成使用人力、畜力、机械力结合的工具，如耜、刀、斧、犁、车；第四种，现代劳动，使用能源动力工具，如以蒸汽机、内燃机、电机、核能等作为动力的工具；第五种，后现代劳动，靠的是几乎不使用人的体力的全部自动化的工具。后现代劳动是知识经济的产物。上述五种劳动由低级向高级发展，都有赖于创新。

### 3. 创新的发展也依赖劳动或含义更广泛的实践

首先，劳动与实践中发现的问题是创新的起因。例如，用石块同野兽搏斗，石块坚硬、攻击力较大。但石块一经出手，人就变成了赤手空拳，倘若石块没有投中，野兽冲到人面前就很危险。用树棒同野兽搏斗，攻击力小，难以对野兽造成重创，但树棒轻易不会脱手，野兽冲到面前仍然可以搏斗。怎样才能弥补二者的缺陷而又能发挥它们的优势呢？劳动与实践中的这些问题引起了创新的需要，于是有人采取组合创新的办法，将片状石或尖状石固定在树棒的一端创造了石戈或石矛。其次，创造的产品要经过劳动与实践的检验。如石戈石矛在狩猎中，其威力确实要胜过单独使用树棒或石块，于是人们纷纷仿制，逐渐发展成当时的主要工具。后经劳动的进一步检验，发现石戈或石矛容易断裂，于是才有了骨戈骨矛乃至青铜制的和铁制的戈和矛的问世。再次，劳动与实践中的应用是创新的主要目的。劳动创新不同于艺术创新，它以劳动中的具体应用为主要的、根本的目的。劳动的不同用途影响着创新。如有的石器刃较厚、较重，是专门用于砍砸的，刮削并不好使。随着劳动的目的性的发展，创新的目标也就越来越清晰。

### 4. 劳动依据它的新颖程度可分为创新性劳动和维持性劳动

前者指劳动过程或劳动结果是前所未有、与众不同、有价值的；后者指对创新性劳动的重复，借以继续产生该劳动的价值。创新性劳动可以是发现或发明，如神农氏尝百草发现了五谷，发明了农业生产；也可以是创新或创造，如犁耕技术是一种创造，用铁犁代替木犁、石犁是一种创新。显然，创新性劳动是必要的，它是人类发展的根本动因，没有创新性劳动，生产只能在一个水平上进行。维持性劳动也是必要的，它使创新性劳动在更大的时空范围内发挥作用。没有维持性劳动，创新性劳动只能局限于创新者本人及当时。但是，当维持性劳动已到了不能适应形势发展的时候，继续进行维持性劳动，则会迟滞生产的发展，这时，就必须创新。从这个意义上说，劳动是产生创新需要的驱动力。总之，劳动与实践的发展需要不断创新，而创新在任何时候都脱离不开劳动与实践。人类正在形成的时期是如此，今天更是如此。

## 二、马克思创新劳动价值论

马克思的劳动价值论是人类经济史上卓越超凡的理论成果，在今天和将来都将永葆其灿烂的思想光辉。但越过真理一步就是谬误，我们不能把马克思的劳动价值论看作为是绝对真理，认为它已经穷尽了对劳动和劳动价值论问题的真理性认识，我们除了袖手旁观惊愕地望着这个已经获得"绝对真理"，就再也无事可做了。我们应当实事求是地把它看作是我们在认识劳动价值论方面一个伟大的里程碑，看作是一个继续在实践中开辟认识真理道路的前进基础，是一个在深度和广度上都需要进一步深化的理论。

劳动理论的创新关键在于如何看待创新劳动。马克思的劳动理论具有十分丰富的内容，他提出了具体劳动和抽象劳动、私人劳动和社会劳动、体力劳动和脑力劳动、简单劳动和复杂劳动、必要劳动和剩余劳动等概念，为劳动价值论奠定了坚实的基础。但创新劳动对于马克思的劳动理论而言则是个新问题。虽然现在国际学术界公认，创新理论的源头可以追溯到马克思，或者说马克思虽然在对科学技术作用的研究中实质上已经涉及创新劳动问题，但他没有提出创新劳动的概念，至少没有专门研究创新劳动问题。

这里所说的创新劳动是相对常规劳动而言的。创新劳动与常规劳动的划分是依据劳动的成果(包括物质成果和非物质成果)是否先前已经存在而做出的。所谓创新劳动，就是指能够做出创新的劳动，如开发或生产一种新产品、发明或采用一种新技术、开辟一种新市场、获得一种新的供货渠道、建立一种新的生产组织，这种劳动的成果是过去从未有过的，在当前是极度稀缺的，所以，把从事这种劳动称为创新劳动。所谓常规劳动，就是指在技术、产品、市场、供货渠道和生产组织形式等方面没有创新的劳动，常规劳动的成果是过去业已存在过的，是当前其他生产者也在提供的，所以，把从事这种劳动称为常规劳动。创新劳动和常规劳动有以下区别：

(1) 常规劳动按其规定性而言，是其他生产者可模仿、可重复进行的劳动。常规劳动不会因为其他生产者的模仿和重复，而不再成为常规劳动，恰恰是因为它可模仿、可重复，所以才成为常规劳动。创新劳动按其规定性而言，是不可模仿、不可重复的，一旦创新劳动被其他生产者模仿和重复进行，创新发生扩散，这种劳动就不再称其为创新劳动，而将转变为常规劳动了。

(2) 常规劳动是许多生产者进行的同一种劳动，正因为常规劳动是可模仿、可重复进行的，所以能够在很多企业中推广，是很多企业正在进行和都可以进行的劳动。创新劳动则是从未有过的、极度稀缺的，一旦出现了众多的模仿者，它就不再是从未有过的、极度稀缺的，因而也就不能再称其为创新劳动了。

(3) 创新劳动具有时间的规定性，创新劳动只是在其他生产者还没有成功地模仿和重复进行之前，保持其创新劳动的性质，而在其他生产者成功地模仿和重复进行之后，就失去了其作为创新劳动的性质。常规劳动没有这种时间上的规定性，反而是模仿者、重复者越多，就越具有常规劳动的性质。

(4) 常规劳动进行的方式、途径和最终成果，是事先就明确的、可以预知的；创新劳动进行的方式、途径和其最终成果往往事前并不明确，不能完全预知。

(5) 常规劳动由于其进行的方式、途径和最终成果是事先明确的、可以预知的，因此可以按照逻辑和理性将其程序化，进行模仿；创新劳动由于其进行的方式、途径和最终成果是事先并不明确的、可以预知的，往往伴随着直觉、灵感、顿悟和一些偶然的机遇，因而很难按照逻辑和理性将其程序化，是难于进行模仿的。或者说如果可以模仿，就又不再成为创新劳动了。

## 三、劳动教育与创新创业教育

创新创业教育作为推动劳动教育的重要载体与重要抓手，与劳动教育深度融合是必然趋势。一方面，《教育部办公厅关于做好深化创新创业教育改革示范高校 2019 年度建设工作的通知》强调，"结合学科专业优势和特色，整合创新创业教育优质资源，把创新创业教育贯穿人才培养全过程"，打造"五育平台"。在新时代背景下，高校应当积极优化专业课程设置，将专业知识传授和创新创业能力训练有机融合，提升大学生的专业研发兴趣与能力，为学生从事基于专业的创新创业活动夯实基础。高校还应当积极推动劳动教育与创新创业教育融合，培养学生诚实合法的劳动意识、吃苦耐劳的精神，提高学生创造性劳动能力，提升就业创业的能力，以尽快适应科技发展和产业变革的时代浪潮。另一方面，如上文所述，随着我国经济的快速发展，社会中产生了劳动观异化的倾向，不少大学生深受享乐主义的荼毒，不愿劳动、轻视劳动，亟须将劳动教育与创新创业教育相结合，激发学生创造性劳动的意愿，让学生在劳动中体会幸福、收获成果。

### 1. 深化认知，突出教育融合的价值导向性

劳动的价值在于创造丰富的物质财富与精神财富，新时代应当发挥劳动教育的价值导向性，让广大学生深刻领悟劳动的价值内涵，树立"劳动光荣"的认知。正确的劳动认知是培养劳动意识、提高劳动能力的基础，在正确的劳动认知的基础上，学生才能形成"敬业""诚信"的劳动品格，培育吃苦耐劳、敢于承担、勇于创新的劳动态度以及爱岗敬业、诚信友善、拼搏奋斗、敢为人先的精神品质。因此，高校应当首先帮助学生形成正确的劳动认知，然后培养学生积极主动的劳动意识，在此基础之上形成良好的劳动习惯，鼓励学生投身于劳动建设中并创造物质与精神财富。正是在不断深化劳动认知的过程中，我们才能推动社会主义核心价值观的落地生根，推动国家长久稳定的发展。

创新创业教育的立足点在于它不满足于简单的劳动知识的教育，而是注重培养学生正确的劳动价值观。弘扬劳动精神是新时代劳动观的必然要求，也是高校学子争做时代新人的必然选择。因此，面对时代新要求，高校首先要以第一课堂为基础，完善"劳创融合"的课程体系设计，开设兼具劳动特色与创新创业特色的专业课程，使专业课程课堂不再只是传统的传授理论知识的场所，而是理论知识与实践能力相互促进、共同发展的载体。其次，要以第二课堂为关键，完善"劳创融合"活动体系，创新创业的教育实践有助于大学生巩固劳动教育的理论学习内容，通过实践活动将理论加以运用，在此过程中树立正确的马克思主义劳动观、择业就业观和培育奋斗精神。因此，"劳创融合"下的价值导向更加符合新时代社会发展的要求，克服异化劳动的可能，指导学生树立正确的价值观，在劳动中肯定自己，获得幸福感。

### 2. 培育技能，发挥教育融合的实践创新性

农业文明强调经验，工业文明强调制造。当人类进入知识经济时代，技术进步对经济社会发展的贡献比重不断增加，知识型、技能型、创新型劳动更为突出，在信息时代，创新才是发展的第一动力。教育部党组印发的《高校思想政治工作质量提升工程实施纲要》提出"坚持理论教育与实践养成相结合"，可见劳动教育需要强调实践与创新，培养学生将专业理论知识转化为实际劳动成果的迁移创造能力，在培养服务至上的敬业精神、精益求精的品质精神以及追求卓越的创造精神的过程中，提升学生的职业技能。

创新创业教育作为大学生劳动教育的重要环节，精准契合了劳动教育对创新的新要求。创新创业教育包含社会实践类、志愿服务类、劳动技能类等多项内容，能够丰富大学生的劳动体验，使学生在亲身实践的过程中增强理论知识运用于实践的能力，在学思践行中解决实际问题，推动大学生将所学的专业理论知识转化为实际的劳动成果。

新时代给劳创融合提出了新的要求，需要充分发挥教育融合的实践创新性。高校创新创业教育需整合各类实践资源，强化创新创业项目的管理，丰富劳动教育的课程内容，创新劳动教育的实践形式，拓宽创新创业的实践平台，完善劳创培育的机制；培养大学生爱岗敬业、追求卓越、吃苦耐劳的职业精神，提升其专业技能，激发首创精神，增强服务意识，从而实现个人成长成才目标。

### 3. 涵育情感，增强教育融合的精神获得感

我国正处于社会转型时期，经济实力正在不断提高，当前社会主要矛盾的变化也彰显了消费结构的转型升级和利益格局的重新组建。移动互联网的迭代更新为当代大学生获取信息提供了便利，然而互联网这一双刃剑，也容易使得大学生受到西方享乐主义、虚无主义思潮的影响，滋生出"为生活而劳动"的错误认知。

青少年是中国特色社会主义的接班人，应当牢记中华民族伟大复兴的使命，肩负起时代责任。因此，新时代要求劳动教育要充分发挥其获得感、幸福感，让大学生树立"劳动神圣、劳动光荣"的正确理念，感受劳动带来的成就感、满足感与幸福感，激发学生牢记使命、报效祖国、奋斗终生的思想共识和行为自觉。

创新创业教育有助于丰富大学生的精神获得感。首先，创新创业活动鼓励学生结合自身兴趣特长等进行选题，活动开展需要具有一定的趣味性和互助性，可营造合作、共进的良好和谐氛围，激发大学生自我教育的内生动力。其次，"互联网+""挑战杯"等大赛可以检验学生的劳动知识、创新创业的成果，鼓励学生参与此类活动能够激发学生的创造潜力，改善重脑力劳动、轻体力劳动的倾向，充盈大学生的精神世界，丰富劳动和创新的涵养。此外，创新创业活动旨在将理论知识落实到实处，要求大学生突破既有知识体系的束缚，以解决某一领域或某个特定问题、培养某一方面或者某种特定能力为导向，进行跨学科、跨领域的探索。大学生在不断试错的过程中挑战自我、勇攀高峰，收获成败经验，实现自我发展，具有一定挑战性的创新创业活动能够充分激发劳动教育的精神幸福性，促进对个体劳动价值观的培育。

### 4. 激发自觉，完善教育融合的评价精准性

在过去相当长一段时间内，从学校和老师到家长和学生都忽视了劳动教育的重要性与必要性，缺乏健全的劳动教育评价体系是诱因之一。建立完善的督导、评价机制是树立劳

动育人导向的关键举措之一，《意见》指出："将劳动素养纳入学生综合组织评价体系，全面客观记录课内外劳动过程和结果"。新时代高校应当将劳动素养评价结果作为衡量学生是否全面发展的重要指标之一。高校应当建立健全劳动教育评价制度与标准，落实劳动教育参与和劳动成果的过程考核，以此激发学生参与劳动的自觉性。

创新创业活动是劳动教育更高层次的表现形式，是创造性劳动能力的集中体现，可作为劳动评价体系内的衡量指标之一。建立劳动与创新创业素养评价机制，将学生创新创业活动的参与过程纳入评价体系，全面客观记录学生进行创新创业活动的过程和成果，做好过程性评价记录，进行定期考核，在质量考核标准的指导下，作为评奖评优的指标。这一方面可以激发学生参与创新创业项目的自觉性、主动性和创造性，激励学生打破常规，逐步提高自身素质，进行创新性劳动；另一方面可以帮助学生将专业课程理论知识转化为实际的成果，促成第一课堂和第二课堂的深度融合，在"知识的运用"基础上赋予"较高的教育"之"精神生产"的创造性、能动性特征。这一过程不仅实现了劳动教育的"劳动"目标，也实现了创新创业教育的"创新"目标，促使学生在探索性创新劳动中提升综合素质，继而不断提升社会竞争力。

图 8-1 为江苏某高校《山野雾灯——大学生新媒体综合服务电商平台》获得全国大学生电子商务"创新、创意及创业"挑战赛(简称三创赛)全国总决赛二等奖，"三创赛"是教育部高校电子商务类专业教学指导委员会主办的在校大学生学科性竞赛，是全国普通高校学科竞赛排行榜内的重要竞赛项目。长期以来，该校始终贯彻落实创新创业教育理念，创新实践教学模式，坚持以学科竞赛为抓手，切实推动以赛促教、以赛促学、以赛促改、以赛促创，培养了大学生的创新意识、创意思维、创业能力以及团队协作精神。

图 8-1 某高校《山野雾灯——大学生新媒体综合服务电商平台》获得三创赛全国二等奖

## 第三节 创新创业中的劳动实践

创新创业教育不仅是专业知识和技能提升的过程，同时也是重塑价值观、培养团队意识和奋斗精神等创造性劳动能力提升的过程。劳动教育是教育改革发展的战略主题，创新创业教育作为劳动教育的重要载体与抓手，从融合学科专业知识、增强诚实劳动意识、培育公共服务精神等三个方面丰富了劳动教育的时代内涵，开拓了教育融合的实践路径，二者融合有助于弘扬新时代劳动精神。

### 一、坚持协同共生的融合育人理念

#### 1. 创新创业教育借助劳动教育的马克思主义劳动观，为创新创业教育提供精神动力

挖掘马克思主义劳动观中的先进理论，引导高校创新创业教育前进，并在融合过程中提高学生的主观能动性与创造力，进而推动大学生勤劳、勇敢、团结、合作等优质创新创业素质的养成。同时，通过不同途径，多管齐下，调动学生进行创新创业实践的积极性，让学生在实践之中体悟劳动之艰、劳动之美，实现劳动教育与创新创业教育的"协同共生"。

#### 2. 创新创业教育为传统劳动教育实现新时代的新发展赋予了新的内容与实践模式

创新创业教育与时代紧密联系的教育理念和教育方式为劳动教育实现创新性发展提供了实践基础。学生积极参与创新创业教育过程，可以提升学生的劳动素养，养成爱劳动、以劳动为荣的精神信念，从而进一步深化对新时代劳动教育的创造性转化和创新性发展。

### 二、建设系统全面的融合育人机制

要想实现劳动教育与创新创业教育的融合发展，需要以系统全面的融合育人机制为基石。劳动教育与创新创业教育需要在实践之中完善融合育人机制，促进劳动教育与创新创业教育的深入发展。

#### 1. 在学校层面建立更完备的组织体系，为劳动教育与创新创业教育的融合发展提供组织保障

劳动教育与创新创业教育作为新时代的两个重要育人方向，要想实现有序发展，需要高校制订好严格、有序的分工流程，保证在实施过程中思路不乱。通过在不同级别的组织结构中设立不同规模的保障机构，确保各层面领导、各类教师发挥好自身的优势参与进来。在融合之初，可以先采取小规模的试点，从一个学院出发，整合各项资源，促进各个主体

间的积极互动，实现劳动教育与创新创业教育在各个环节的有效融合。

### 2. 推动复合型教师队伍的建设

复合型教师队伍的建设需要从以下几方面出发：在理论知识培养方面，可以通过邀请校内外知名学者或企业家开设讲座，增加教师在劳动教育与创新创业教育方面的实践知识与实践素材；在实践培训方面，进行劳动教育与创新创业教育融合的专项培训，与企业开展联合培训，鼓励教师走出课堂，到企业挂职锻炼，积累实践经验，提升教师的实践能力；建立科学的考评机制与奖励机制，把参与劳动教育与创新创业教育融合所获得的成就纳入教学考评体系，并给予相应奖励，从而提升教师参与劳动教育与创新创业教育融合教学的积极性。

### 4. 针对学生建立新的综合素质评价体系

学校在推进劳动教育与创新创业教育的过程中，扮演的不仅仅是实施者的角色，更承担了评价者的责任，因此，学校应针对学生在劳动教育与创新创业教育融合之中取得的各项成果建立一个标准的评审制度；支持以劳动教育与创新创业教育融合实践活动代替部分课程，并以此方式申请学分；在评优评奖方面，将劳动教育与创新创业教育实践活动作为重要指标，进而提升学生参与实践的积极性。

## 三、筑造丰富多样的融合育人课堂

### 1. 进一步拓宽劳动教育与创新创业教育的融合课程体系

在劳动教育与创新创业课程的融合发展中，学校不仅要做到"全覆盖"，还要有针对性地对学生进行"分层次、差异化"的培养，在教学内容的把控上要紧跟时代需求更新教学内容。在劳动教育与创新创业教育融合课程的设置上，学校应采取针对全体学生的必修课与针对部分学生的拓展课相结合的模式，针对一些基础课程采取必修的大课形式，普及基础劳动知识与创新创业知识，而拓展课可以根据学生的需求与兴趣进行选修。这些方式可以提高学生个人意愿与课程的匹配程度，帮助高校做到因材施教。

### 2. 搭建第二课堂，为劳动教育与创新创业教育融合的实践课程提供载体

学校可以对现有的学生创新创业、技能培养及社会实践等活动进行资源整合，构建更为完整、系统的实践课堂；可以邀请企业中的优秀人才举办和劳动教育与创新创业教育有关的教育活动，推进校企合作；可以与企业签订实习协议，甄选优秀学生进入企业实习，使其从企业的岗前培训以及实习工作中进一步理解工作中所需的劳动技能与劳动素养，在实习过程中推动自身对所学专业知识的创新性思考。

图 8-2 为江苏某高校学生社团招新活动现场，全校学生社团招新现场亮点不断，凸显出社团文化的魅力与活力。据悉，全校共有 81 个学生社团，涵盖思想政治、志愿公益、学

术科技、创新创业、文化体育、自律互助六大类，秉承思想性、知识性、艺术性、多样性相统一的原则，努力开展方向正确、形式多样的社团活动。学校社团文化极大丰富了学生的课余生活，营造出繁荣的校园文化氛围，为学子提供了更宽广的第二课堂成长平台。

图 8-2　某高校 2023 年"百团大战"学生社团联合招新活动

**3. 紧跟时代新潮流，借助互联网平台，搭建"互联网＋劳动教育＋创新创业教育"的网络平台**

一方面，帮助学生更加快速便捷地了解当前的热点话题与企业前沿动态，为学生进行创新创业提供更多更新的思路；另一方面，打造线上精品课程，为有意愿进行创新创业的学生提供更为灵活的课程学习方式，强化学生对劳动伦理与创新知识的学习。

## 四、打造多方并举的融合育人平台

### 1. 政府层面

政府可以针对学生创新创业项目，提供更多的政策支持，对不同质量的创新创业项目提供包括专项资金、减免税收、政府采购以及专属审批通道等多项支持，解决学生资金匮乏的问题；可以重点扶植一批与学校进行劳动教育与创新创业教育人才培养合作项目的企业，针对表现优异且有发展前景的合作项目提供资金、法律、人力等方面的支持；可以联合主流媒体对劳动教育与创新创业教育融合发展的重要性、必要性等方面进行积极的宣传，营造出有利于劳动教育与创新创业教育融合发展的社会环境，增强企业与高校的融合发展信心。

### 3. 企业层面

企业可以与学校开展共建活动，推进校企创新创业基地、劳动创业孵化空间等实践场所的建设，积极派遣企业技术骨干进入实践基地对学生进行指导；可以定期开展交流会，分享企业所拥有的实践经验，为高校师生碰到的各种实践问题答疑解惑；可以定期邀请高校师生进入企业的经营场所参观与体验，帮助师生开阔视野；可以分析行业动态与企业困境，引导高校师生进行课题研究，从而实现企业的技术突破。

### 3. 学校层面

高校需要树立主体责任意识，作好整体布局。高校要发挥自身合作优势，积极寻求与政府、企业的合作，搭建学生与外界合作的双向通道，保障学生在与企业和政府合作中的合法权益；高校对于劳动教育与创新创业教育的融合发展要作好整体规划，制订详细的人才培养方案，在课程设计、教学方式、教学评价体系等多个环节做到相互促进。高校需要探索新的培养模式，对于优秀的人才可以采取"学校＋企业"的联合培养模式，实行校内导师加校外导师的"双师制度"，既要保证学生具备扎实的理论基础，又要解决其实践经验较为匮乏的问题。此外，高校还需要改善劳动教育与创新创业教育融合发展的条件，对于学生与企业在合作中所需的资金、场地、技术等提供相应支持，保障合作项目落地实施。图 8-3 为某高校与地方政府签订人才协同培养框架协议，双方围绕优质生源基地建设、在职教师学历学位提升、名师与名校长培养、基础教育发展研究等方面展开深入合作。

图 8-3　某高校与某县人民政府签订校地合作框架协议

## 活 动 与 训 练

活动主题：生产劳动创新大赛

活动形式：劳动竞赛

活动要求：

1. 以学习小组为基本单位，可以跨专业、跨年级组队。

2. 从劳动工具创新、劳动过程创新和服务创新三个赛道中选择一项参加比赛。

3. 从劳动三创 (创意、创新、创造)中选择一种形式开展生产劳动创新，并按规定提交创新文案，"创意"需要提交创意设计报告，"创新"需要提交创新说明报告，"创造"需要提交创造成果和创造说明。

4. 以学院或专业为单位开展生产劳动创新大赛。

5. 以小组为单位参加创新大赛。根据大赛的结果和嘉宾评委的点评对创新的可行性和创新性进行评估。

6. 按照计划、组织、尝试、调节、总结等程序进行创新文案修改和完善。

7. 将最终创新文案上交劳动教育指导教师或上传至网络教学平台。

8. 以小组为单位总结实践经验和成果，每位同学反思劳动经历和收获，总结劳动心得体会。

## 课 后 反 思

1. 请登录中国政府网 https://www.gov.cn/zhengce/shuangchuangzck/index.htm，了解国家的创新创业政策，谈谈自己未来的创新创业思路。

2. 了解我国的 35 项"卡脖子"清单，谈谈你对技术自主自强创新的看法。

3. 学习《国务院办公厅关于进一步做好高校毕业生等青年就业创业工作的通知》，深刻理解创业促进就业、强化新时代大学生服务型劳动教育。

### 补充阅读材料

太牛了！5 年过去，35 项卡住中国脖子的关键技术，21 项已被攻克！(nacmids.org)

2018 年，我国中央科技新闻媒体《科技日报》发表了系列文章，报道制约我国工业发展的35项"卡脖子"的关键技术，其中，包括芯片、传感器、光刻机、激光雷达等关键技术，引起了广泛的关注与讨论。如今，快5年过去了，这些技术都突破了吗？国产最新进展又走到了哪一步？据报道，经过逐项查阅公开资料发现，目前我国至少已经攻破了21项关键技术，其他技术正在攻关或因其他原因尚未公开。需要注意的是，多数"卡脖子"技术都是大类，有些技术我国目前仅突破了其中的某个细分领域，或尚未实现规模性应用，但相信我们终将能以万箭齐发之势面对一切限制。

### 表　35项"卡脖子"技术清单

| 序号 | 技术名称 | 序号 | 技术名称 | 序号 | 技术名称 |
|---|---|---|---|---|---|
| 1 | 光刻机 | 13 | 核心工业软件 | 25 | 微球 |
| 2 | 芯片 | 14 | ITO 靶材 | 26 | 水下连接器 |
| 3 | 操作系统 | 15 | 核心算法 | 27 | 燃料电池关键材料 |
| 4 | 航空发动机短舱 | 16 | 航空钢材 | 28 | 高端焊接电源 |
| 5 | 触觉传感器 | 17 | 铣刀 | 29 | 锂电池隔膜 |
| 6 | 真空蒸镀机 | 18 | 高端轴承钢 | 30 | 医学影像设备元器件 |
| 7 | 手机射频器件 | 19 | 高氢压柱塞泵 | 31 | 超精密抛光工艺 |
| 8 | iCLIP 技术 | 20 | 航空设计软件 | 32 | 环树脂 |
| 9 | 重型燃气轮机 | 21 | 光刻胶 | 33 | 高强度不锈钢 |
| 10 | 光雷达 | 22 | 高压共轨系统 | 34 | 数据库管理系统 |
| 11 | 适航标准 | 23 | 透射式电镜 | 35 | 扫描电镜 |
| 12 | 高端电容电阻 | 24 | 掘进机主轴承 |  |  |

# 第九单元

# 职场沟通与团队合作

**【周恩来总理说劳动】**

"求大同存小异""我们并不要求各人放弃自己的见解，因为这是实际存在的反映。但是不应该使它妨碍我们在主要问题上达成共同的协议。我们还应在共同的基础上来互相了解和重视彼此的不同见解。"

——万隆会议，1955 年 4 月 19 日。

## 学习指南

本单元主要介绍劳动和劳动素养的基本概念和内涵，引导大学生通过建立科学的劳动观，弘扬艰苦奋斗的劳动精神，养成良好的劳动习惯，培养学生奉献敬业的劳动态度，促进个人的全面发展。

## 课程标准

| 考核标准点 | 具 体 内 容 |
|---|---|
| 知识 | 1. 深入理解社会交往的概念，了解社会交往的基本类型<br>2. 理解社会交往对于满足人们的需要、促进社会的发展具有重要意义<br>3. 全面理解掌握马克思主义社会交往理论内涵 |
| 技能 | 1. 能够掌握正确职业指导的途径技能<br>2. 能够掌握职场沟通、融入团队的基本技巧<br>3. 能够按照正确的社会交往观开展学习和生活 |
| 态度 | 1. 端正对社会交往的思想认识和态度<br>2. 认同社会交往对职场的重要性<br>3. 具有正确对待社会交往、职场团队融入观念 |

## 导入案例

### 从"社恐"到"社牛"，年轻人需要什么样的社交？

"社恐症"与"社牛症"的对比，传达出年轻人的某种社交焦虑。中国社会科学院等机构联合对 4000 多名 18～35 岁年轻人的调研发现，40.2%的人表示自己存在不同程度的社交恐惧症。其中，有 52.7%的人认为自己缺乏社交技巧，55.6%的人对自身条件不够自信，38.3%的人将社恐归咎于性格内向。那么，"社牛症"能作为解决"社恐症"的手段方法吗？"社牛症"能把社交的勇气传递给"社恐症"人群吗？

在"好奇心研究所"的一项调查中，超过六成的人都觉得"青春期的我们向朋友袒露心声往往能加深友谊，成年后这样做有时会适得其反"。人生在世，朋友和知己贵精不贵多。我们常常在对理想社交的想象中感到失落，缘分过浅、来去匆匆，或许才是年轻人真正的社交困境。嘤其鸣矣，求其友声，社交是人类生存的一种本能，如果"社牛症"的讨论热潮，能让更多人对社交有更深入的思考，这些讨论就没有白费。

# 第一节　社 会 交 往

## 一、社会交往的概念

### (一) 社会交往的概念

社会交往，简称"社交"，是指在一定的心理活动下，几个人之间相互往来，进行精神上的交流。从不同的角度，把社会交往划分为个体交往与群体交往，直接交往与间接交往，竞争、合作、聊天等。

社会交往是从动态角度分析社会现象的基本概念。这一概念是从马克思的交往理论中提取出来的。在马克思、恩格斯那里，社会交往指的是人在生产及其他社会活动中发生的相互联系、交流和交换，而这条理论也适用于其他动物。他们用社会交往概念论述了历史唯物主义的理论。在西方社会学理论中，社会相互作用或社会互动是概括个体之间有目的的相互影响的概念，这些概念是同动物的社会行动的概念相联系的，即他们要解释个体之间相互影响的意义与机制，分析这一过程所包含的社会意义。因此，西方社会学家往往在微观上使用社会相互作用的概念。

社会交往的本质是动物的本质的内在要求。动物社会的本质是在物质生产劳动的基础上形成的一切社会关系的总和。与此相适应，社会交往可以分为物质交往、精神交往和两性交往。

### (二) 社会交往的意义

在马克思看来，交往对于满足人们的需要、促进社会的发展有重要意义。

第一，交往是个体生存的需要。马克思认为，人们只能在社会中满足自己的需要，正是由于这一点，人们之间发生了交往。

第二，社会交往是人自我显现的方式。马克思认为，人通过社会交往才能表现自己。作为社会性生物，人只有在社会中才能展示自己的真正的天性，直接同别人的交往是个人的生命表现的一种形式，也是自我认识的一种形式，因为人是以别人来反映自己的。

第三，社会交往建构着社会。马克思认为，人们相互之间是作为处在生产力和需要的一定发展阶段上的个人而发生交往的，同时由于这种交往又决定着生产和需要，所以，人们之间的交往每天都在重新创立着现存的关系。其作用包含三点：一是提高个体生产力，促进社会生产力的创造、保持、传播和发展；二是个体认识产生、深化和发展的必要条件；三是能够促进动物的全面发展。

### (三) 社会交往系统要素

社会交往系统的基本要素包括社会交往的主体和客体、交往力、交往关系、交往的意识、交往的需要和交情等。它们是一个有机整体。其中，社会交往的主体和客体都是具体的、社会的、现实的动物，不是抽象的、孤立的个体。

交往工具是交往力发展水平的标志，主要有语言、通信手段、运输工具和货币等四大类。交往力，是指个体进行社会交往活动的能力。社会交往关系，是指动物在社会交往活动中的地位和相互关系。交往关系和生产关系都是社会关系整体的组成部分，生产关系是交往关系的基础。交往的意识是指动物进行社会交往活动的社会意识。交往的需要是指动物进行社会交往活动的需要，是社会交往的动机。交情是指动物在社会交往活动中培养起来并且表现出来的感情。

图 9-1 为某高校大学生辩论赛决赛现场。此次辩论赛锻炼了辩手们的语言表达能力、逻辑思维能力和辨别是非能力，让他们学会了思考，同时也提升了他们的团队合作能力。

图 9-1　某校第九届"翔宇杯"大学生辩论赛决赛

## (四) 社会交往基本类型

交往是在人们实际生活中的可以体验到的具体联系。这种具体联系的最基本的类型则是物质交往和精神交往。马克思恩格斯指出："思想、观念、意识的生产最初是直接与人们的物质活动，与人们的物质交往，与现实生活的语言交织在一起的。人们的想象、思维、精神交往在这里还是人们物质行动的直接产物。"这里论述的虽然是观念与物质的关系，但也肯定了物质交往与精神交往是社会交往的两种基本类型。

物质交往指人们在生产实践中发生的交往。这种交往是生产实践的客观要求，也是生产实践发展的历史产物。生产实践之所以客观上要求社会交往，在于人依靠自身的生理能力是难以在自然界中生存的。为了满足生存的需要，人必须克服自身能力的不足。这种克服一方面通过创造劳动工具来实现，另一方面通过劳动过程中的互助合作来实现。这两方面又互相补充和互相加强。劳动过程中的互助合作关系，就是最初形态的人与人之间的物质交往关系。通过这种交往，不仅形成人们之间的合力，而且加强了每一个人的自我能力。社会交往使一个人确认自身是团体中的一个成员，他的能力才能充分发挥出来，他的工作也会更有效果。社会交往不仅产生出人们通过协调相互间的行动而形成的新的力量，而且在交往中劳动经验和知识得以传授和继承。这样，人才真正成为生产力的主体。在物质交往过程中，也逐步建立起人们之间相互作用的行为准则，进而形成人们之间的群体结构。这种群体结构的活动也就是社会物质生活。所以，从一定意义上我们可以说，社会物质交往是形成社会生活和一系列社会活动的基本前提。

在社会物质交往中，已经包含着精神交往。精神交往包括思想交往和心理交往。劳动经验与知识的传授和继承，已经是一种思想交往。当然，思想交往的内容并不限于劳动经验，各种社会意识的传播与交流，都包括在思想交往之中。与思想交往交织在一起的，还有心理上的交往，这也是精神交往的一个重要方面。人们之间的心理接触，也是人的一种基本的需要。人的本质在于人的社会性，这种社会本质在心理上的表现就是人的归属感。交往不足会使人产生孤独感，造成人的心理混乱和精神痛苦，严重影响人的能力的发挥。只有在充分的心理交往和思想交往中，人才能精神充实，生机勃勃，才能感受到和发挥出人的本质力量。精神交往是增强人的内驱力的源泉，在这种内驱力的作用下，人才具有丰富的精神生活并产生出积极的精神活动。

社会的物质交往是精神交往的基础，精神交往又渗透于物质交往中发挥作用。物质交往和精神交往在现实的社会交往中是统一的，在人类社会的历史发展过程中又是通过相互作用而不断提高交往水平的。所以，现实社会中存在的物质交往和精神交往，都应当看作是历史发展的产物。

社会交往的基本类型是物质交往和精神交往。除此之外，还可以根据其他标准对交往进行分类。如从交往的性质或作用方向上，可以分出积极交往和消极交往，积极的社会交往对社会起建设的作用，消极的社会交往对社会起破坏作用。从实现交往的方式上还可以分为直接交往和间接交往。社会交往的多重分类，应由社会学、心理学、人际关系学等学科去研究。

不论是何种类型的交往，在形式上又可以分为个体之间的相互交往、群体之间的相互交往、个体与群体之间的交往及个体或群体与整个社会的交往等多种类型。从社会历史发展角度来说，还可以分为旧的交往形式与新的交往形式。

## 二、马克思主义社会交往理论内涵

### 1. 以人身依附为典型特征的物质生产的社会关系

第一种交往的社会形态的主要特征体现在人自身所具有的依赖关系，人的依赖关系是指人与人之间的直接依赖性，马克思在其著作《资本论》中详细地描述了人与人之间的这种直接依赖性，揭示了以人身依附为典型特征的物质生产的社会关系。在强势群体与弱势群体之间，前者具有直接支配权，后者具有直接依赖性，实际上就是反映出彼此之间的一种依赖关系、一种依附关系。从表面上来看，该阶段的主要特征是人与人的依赖关系，而实际上反映了该阶段生产力极度落后的现实状况，人在自然面前的力量微不足道。因此，人与人之间相互依赖、相互依附，构成共同体形式，获得在狭窄的空间内和孤立的地点上生存与发展。

### 2. 以物为交换媒介的社会关系

第二种交往的社会形态的主要特征是"物的依赖性"。相对于"人的依赖性"，马克思认为，在人类社会发展的第二个阶段，主要特征体现在"物的依赖性"。在这一社会阶段，人类活动范围扩大，活动方式多样，活动内容丰富，产品的普遍交换成为个人的生存条件，这种普遍交换，使人与人之间建构起建立在物质基础之上的某种关系，实际上这对人来说，是独立的、异己的东西，具体形式则表现为一种实在的物，在交换价值上，人的社会关系转化为物的社会关系，人的能力转化为物的能力。其实，这里所说的"物"并非具体的某种东西或者形式，实际上却是一种抽象"物化"，在某种程度上，可以将"物的依赖性"理解为物化的社会关系的集合范畴。

货币是交换价值实现的重要工具。因此，在价值交换过程中，物的形式转化为货币的形式，在此基础上，可以进一步把"物的依赖性"理解为依赖以货币这种交换媒介的社会关系。这就是说，个人拥有的货币具有交换价值时，一方面可以摆脱对他人的依赖、附属，另一方面可以在一定范围内独立自主地用货币去交换任何自己所需要的商品。与第一阶段"人的依赖性社会"相比，人的独立性和自由性显著提高，人的社会关系也进一步得到丰富。

### 3. 以产品经济为代表的社会关系

在第三种交往的社会形态中，产品经济占据主导地位。产品经济是指在社会发展到某种程度时，社会中心组织代替货币来进行按需分配的一种经济形态。产品经济以致力于全社会广大成员根本利益为目的，以生产力的极大丰富和发展为前提条件，只有这样，人才能够从第二个阶段物的役使中摆脱出来，获得真正自由而全面的发展。在这一阶段，直接形式的劳动和劳动时间不再是财富的源泉与尺度，使用价值也不以交换价值为衡量尺度，劳动生产便会崩溃，直接的物质生产过程自身就摆脱了对立和贫困。因此，缩减社会必要劳动时间，使所有的人拥有自由时间，个人就会在文学、哲学、艺术等领域谋求发展。

## 三、基于马克思社会交往理论的职业指导

### 1. 社会交往圈经济联系

斯坦利·米尔格拉姆的六度分隔理论认为，只需要通过六个人，就能使世界上任何互不相识的两个人建立起联系。这一理论成为马克思社会交往理论的横向具象化体现。社会交往圈经济管理，也就是将交往密切的个体群纳入客户社交群管理范畴，并通过互联网大数据对客户社交信息进行分析、管理，从而更加精准地对目标市场进行细分，对目标客户进行定位，并且提供定制化的金融服务。目前，互联网行业基于社交群及社交习惯的推送已经有成功的案例，如拼多多、抖音等。除了利用大数据充分收集和分析客户数据外，银行客户经理的线下客户走访、信息收集也极其重要，这就弥补了银行传统仅根据资产情况、

征信情况和交易量等信息进行目标客户管理的弊端，使得商业银行更加了解客户，并通过一个主体的社交圈定位更多的目标客户。

### 2. 立体化营销

传统的商业银行市场营销大多是静态的，对客户的变化情况反应较慢，客户系统的基本数据经常长时间得不到更新，而客户及其社会群体的变化是动态的。最有效的营销，需要在合适的时间，向合适的人推荐合适的产品。随着互联网技术及 AI 技术的不断发展，智能客服已大幅降低了人工客服的人力成本，并使银行与客户的实时互动变为可能，它可以通过将银行的营销系统与社交网络平台信息共享数据进行深度融合，打造立体化营销管理系统，特别是要改变原有的调查需求—开发产品—报批产品—集中推广产品的模式，建立模块化产品库，通过对客户资产的变动情况、社交媒体情况等进行大数据分析，在客户最有可能产生需求的特定时段，对目标客户营销定制化的模块组合产品，这将会使营销从以往单一产品的遍地撒网式推荐，成为真正的精准化、立体化营销。

### 3. 场景化推广

将单一的产品推荐变为场景化推广，场景化推广是深入客户社会交往及生活，通过情感链条传递产品及服务的方式。首先，商业银行需要在目标客户细分和定位的基础上做好前期准备，进行场景库设计、场景细分、场景详细流程化及标准化设计，其目的是使客户在应用场景中能够享受快速响应的服务。其次，在场景设计中应高度关注场景化服务中的情感链条，比如专业的话术、适当的肢体语言和贴心的关怀服务等，立体化的情感关怀能够满足客户的情感需求及自我认同需求，从而提升客户体验满意度，增加成功率。最后，在场景推广体系建设中，需要考虑针对较高频稳定的场景进行标杆场景建设，例如节庆类场景、主题类场景等。还要遵循区域的差异化，支持商业银行基层行层级定制满足区域特色的场景，建立专属的银行线上场景化场景库，实现优质场景在银行内部的分享。

## 第二节　经管类专业实践活动中的职场沟通

中宣部、教育部、共青团中央《关于进一步加强和改进大学生社会实践的意见》指出，把大学生社会实践纳入教学计划，不断丰富社会实践的内容，积极组织大学生参加社会调查、生产劳动、志愿服务、科技发明和勤工助学等社会实践活动。社会实践为大学生提供了接触社会、认识社会的机会，有助于大学生获得大量直观的感性认识和书本上没有的知识，提高他们将抽象的理论知识在实际运用中转化为认识和解决实际问题的能力；有利于大学生学会与人分工协作，恰当处理各种人际关系和提高生存和适应的能力，为将来真正走上社会做好准备。目前，高校的教育中普遍重理论教学，轻实践活动。因此，高校应通过加大社会实践活动的学分比重，丰富实践活动内容，加大实践基地的建设，来扩大大学生群体参与活动的覆盖面，倡导大学生积极参加生产劳动、志愿服务和公益活动，支持大学生开展科技发明活动，广泛开展特色鲜明的主题实践活动。

# 一、职场沟通的内涵

## (一) 职场沟通概念

沟通(communication)就是发送者通过一定的渠道 (或者媒介、通道)将信息发送给既定对象 (接收者)，并寻求反馈以达到相互理解的过程。职场沟通是指在工作场所进行的沟通，是建立在人际沟通基础之上的公关沟通的一种形式。在现代职场上，良好的沟通不仅使自己能够左右逢源，还能够营造组织内部团结、和谐的环境。职场沟通既包括如何发表自己的观点，也包括怎样倾听他人的意见。

## (二) 职场沟通的理论基础

### 1. 目标管理思想

目标管理思想作为管理沟通的基础，是在 1954 年由德鲁克在其精心编著的《管理的实践》中提出来的。目标管理思想，即目标确定工作任务，以目标作为工作任务的分配以及最终评价员工绩效的标准。

企业根据目标进行管理有利于上下级的协作沟通，还能提高员工的主动性和积极性。以目标为导向的管理沟通模式，使员工对团队目标有清晰的认识和认同，是实现和谐劳动关系和团队文化的一种沟通技巧。

### 2. 人性假设理论

职场中的个体由于在家庭遗传、不同的生长环境和个体能动性等因素的影响下，存在着明显的差异，因此，对于管理者来说，沟通模式应该建立在个体差异的基础之上。基于这个前提，国外的管理学家在对职场团队中的管理沟通效果进行研究之前，都先针对个体的行为模式进行剖析，即人性假设理论。人性假设理论是美国行为科学家道格拉斯·麦克雷戈所提出的一种理论，分为 X 理论和 Y 理论。X 理论强调管理人员认为员工更需要外部激励，对于员工的指挥方法通常给员工一种强制性，相对极端，例如威胁、强迫、严格控制，使员工产生敌对情绪。Y 理论强调，管理人员把重点放在提高员工自身能力上，例如提供员工指导、发展机会、发掘员工潜力等方面。

### 3. 管理沟通渠道

高效的职场团队沟通和团队内部有效运作是建立在通畅的沟通渠道的基础上的。企业管理沟通渠道可以分为正式沟通渠道和非正式沟通渠道两大类。正式沟通渠道一般指企业的管理人员组织的一些沟通渠道或活动；非正式沟通渠道一般指企业员工间的信息沟通，不受管理者控制。正式沟通渠道与非正式沟通渠道要相互配合、共同作用才能保证企业管理沟通任务顺利完成。

### 4. 管理沟通环境

不同的职场团队具有不同的整体风格，优化团队管理沟通，必须结合本团队每个个体的特点和整个职场氛围，并建立在整体职场和谐氛围的沟通基础上。整体职场氛围的构建最重要的是环境分析。环境分析要求包括内部环境和外部环境的同时分析，主要包括心理背景、物理背景和社会背景三个方面。

### (三) 职场沟通原则

### 1. 找准立场

职场新人要充分意识到自己是团队中的后来者，也是资历最浅的新手。新人在表达自己的想法时，应该尽量采用低调、迂回的方式。特别是当你的观点与其他同事有冲突时，在表达自己的观点时也不要过于强调自我，应该更多地站在对方的立场考虑问题。

### 2. 顺应风格

不同的企业文化、不同的管理制度、不同的业务部门，沟通风格都会有所不同。新人要注意观察团队中同事间的沟通风格，注意留心大家表达观点的方式。假如大家都是开诚布公，你也就有话直说；倘若大家都喜欢含蓄委婉，你也要注意一下说话的方式。

### 3. 及时沟通

不管你性格如何，在工作中，时常注意沟通总比不沟通要好上许多。一般说来，性格外向、善于与他人交流的员工总是更受欢迎。新人要利用一切机会与领导、同事交流，在合适的时机说出自己的观点和想法。

## 二、职场沟通角色要求

### (一) 与上司的沟通

与上司的沟通是职场沟通中最为重要的内容，良好的沟通可以让上司了解你在工作中的态度、能力、工作内容和进展，从而得到赏识，获得更好的发展机会。

在与上司交流和沟通的时候，应把上司看成自己团队的一员，上司并不独立于群体之外，他是群体中的一分子，他也需要这份工作，需要有工作业绩。既然大家都是为了相同的目标、共同的利益，那么就应同心合力，建立良好的合作关系，创造更好的成绩。与上司工作上的沟通形式有：

（1）接受工作。在接受工作时要明确沟通的目的，即使有什么问题，也不要急于进行反驳。除非得到上司的认同，否则不要在这个场合与上司进行讨论和争辩。在沟通过程中要注意倾听，并进行恰当的反馈，以最有效的方式同上司就重要问题达成理解上的一致。防止把接受任务的过程变为商讨问题、向上司汇报工作、上司进行工作评价等其他工作沟通形式。这样会使工作布置、指示发生偏离，就会降低工作效率，并使上司对你接受指示的态度产生误解，从而造成不必要的负面影响。

（2）汇报工作。它是让上司了解你的工作态度、工作进度的好时机。汇报的内容要与上司原定计划和原有期望相对应，并尽量符合上司的期望。在汇报工作时要做到客观、准确，尽量不带有个人、自我评价的色彩，以避免引起上司的反感。在汇报过程中，积极寻求反馈，对于上司所关注的重点，要重点地或详细地进行汇报。对于上司做出的评价，有不明白之处应当场反馈并加以确认，从而获知上司评价的真实意思。

（3）商讨工作。在商讨工作中注意正确扮演自身的角色。以平等和互动的原则进行，在商讨问题的过程中，时刻注意把握分寸，保持良好的沟通环境。约定商讨的问题，事先应作充分的准备，对于结论要有记录，并事后确认，防止在执行中出现偏差，无法明确责任。

### （二）与同事的沟通

同事是与自己一起工作的人，是每天与我们相处时间最多的人，也是职场中与自己处在同一地位的大多数人。与同事相处得如何，直接关系到自己的工作、事业的进步与发展。同事之间良好有效的沟通、融洽的协调配合是完成工作的前提，善于与同事沟通，赢得良好的人际环境的人，总能获得同事支持。同事之间关系融洽、和谐，就会感到心情愉快，有利于工作的顺利进行，从而促进事业的发展。反之，那些缺乏与同事沟通意识、自命清高的人，同事关系紧张，经常发生摩擦，免不了时时被动，这样就会影响正常的工作和生活，阻碍事业的正常发展。

若想在事业上获得成功，在工作中得心应手，就得熟悉和了解与同事沟通的艺术，重视与同事合作。美国学者曾对美国 1500 名取得了杰出成就的人物进行了调查和研究，发现这些有杰出成就者都有一些共同的特点，其中之一就是善于与别人合作。他们注重提高自己的能力，不是考虑怎样与他人竞争并击败竞争者。事实上，多数成功的优秀者，关心的是按照他们自己的标准尽力工作，而不是眼睛只盯着竞争者。这是因为他们具有良好的沟通合作能力，再加上他们的学识和才智，他们就能取得人们所意想不到的成功。

合作是一件重要、快乐的事情，很多工作只有互相合作才能做成。群体成员具有不同的背景和兴趣，这可以产生多样化的观点。与他人合作可以产生出创造性的思想，这是任何个人只靠自己所无法具有的。同事之间互相提供帮助和鼓励，每个人都贡献出自己独特的技能，俗语说得好：“人多力量大”"众人拾柴火焰高"。一个团队组织有序、合作努力，就能在有限的时间里取得显著的成绩，并使每个人都能最大限度地实现自己的价值。

### (三) 与下属的沟通

在组织管理过程中，大约有一半的沟通是在管理人员与下属之间进行的。与下属有效的沟通，可以提高团队的效率，使团队成员的分歧趋于一致，消除隔阂，使下属相互信任了解，有利于建立一个关系融洽、积极进取的团队。学会与下属进行沟通，是基层管理者必须具备的一项基本技能。与下属沟通的形式有：

(1) 下达指示 (命令)。下达指示是要求下属按照你的意图完成指定的行为或工作，带有隐含的强制性。强制性的指示会压抑下属的一些创造性思考和积极负责的心理，会使下属失去参与决策的机会。但对确保下属按计划执行与按计划方向前行，却是绝对必要的。下达指示(命令)时，要正确地传达，不随意更改；目标清晰，让下属容易接受及愿意去执行；不能仅仅只是为了证明自己的权威而下达指示(命令)。在下达指示(命令)时，要注意提高下属接受执行的意愿，使下属能主动并积极地执行指示。

(2) 批评指正。在下属做错了某件事情的时候，批评是必要的，目的是唤起他的责任心，在他的脑子里形成一种警戒。批评下属的目的当然是使他改正，以后不再犯同样或类似的错误。但是只有批评是不够的，在批评之前需要首先搞清楚事情的来龙去脉，要分清错误的性质，和犯错误的人一起分析错误出现的原因，这样做非常重要，可以避免下一次重蹈覆辙，避免由于批评造成情绪上的障碍，让被批评者心悦诚服地知道他的错误，并在分析的基础上提出问题的解决方案、错误的补救办法以及以后防范此类错误的措施，最终促使下属对办好此事更加有信心。批评他人通常是比较严肃的事情，所以，在批评的时候一定要客观具体，应该就事论事。不是批评对方本人，而是批评对方的错误行为，千万不要把对下属错误行为的批评扩大到了对下属本人的批评上。

(3) 拒绝要求。当下属提出一些不合时宜的或不合情理的要求时，管理者要学会拒绝。拒绝下属时要掌握以下要领：第一，拒绝下属的请求和要求需在保护双方利益的情况下进行，要耐心倾听下属所提出的要求，确切地了解请求的内涵，以表示对请求者的尊重；第二，拒绝态度要坚决，以避免对方产生误解；第三，拒绝语言要简明扼要，直截了当，避免争论；第四，在表情上应和颜悦色，略表歉意，但也切忌过分地表达歉意，不要被请托者抓住弱点，反被说服而打消或修正拒绝的初衷。

## 三、职场沟通基本技巧

Daniel Goleman 在《情绪智力(EQ)》一书中说，人际交往的技巧是人际关系的润滑剂，是构成个人魅力与领袖风范的根本条件。具备这些社交技能的人易于与人建立关系，善于察言观色，领导与组织能力俱强……这种人可以说是天生的领导者，能够充当集体情感的代言人，并引导集体走向共同的目标。也因为与其相处是如此的愉悦自在，这种人总是广受欢迎。现代企业非常注重沟通，沟通无处不在，管理者既要重视外部的沟通，更要重视与内部的员工的沟通。对于管理者而言，与组织内部不同对象的沟通是其工作的主要内容，因此，掌握与不同对象的沟通之道，是其职业成功的关键。所以，尽管人际关系技巧不像其他专业技能那样容易辨别或量化，但它们对于事业发展至关重要。你越是多练习，建立良好的人际关系，你的同事和上司就越不会对你的行为或目的产生误会，因而也就会给予你更多的支持。

### (一) 提升沟通技巧

(1) 建立合作态度。在沟通的过程中，要想达到一个合作的态度是非常困难的。有效沟通的双方应做到以下几点：沟通需要双方坦诚、积极地去解决问题，而不是隐瞒、推卸责任；双方在沟通的过程中，就是谈论行为而不谈论个性，是论事不对人；共同研究是大家共同商讨研究，避免一方的命令、指责，最终达成一个很好的解决问题的方法。

(2) 提高有效倾听的能力。首先，沟通双方在交流之前对本次谈话内容有一个大致了解，对于对方的态度和想法有一个基本预判。其次，营造出良好的沟通环境，保持虚心、平和的心态，给说话者以足够的尊重以及适当的鼓励。最后，在沟通过程中，不要轻易打断对方，学会给对方及时的、恰当的反馈。

### (二) 管理沟通方式

(1) 重视上下级之间的双向交流。沟通必须是双向的、互动的，需要上下级双方达成一致，相互积极配合，在要求企业管理者能够创造轻松的沟通氛围的同时，也要求员工能够开诚布公，畅所欲言。长久以来上下级之间的沟通通常表现为自上而下的单向沟通，而自下而上的交流就相对缺乏，这对企业决策的制定和执行都是非常不利的。故企业应提高下级参与度并使决策获取下级的支持，通过征求各个方面的意见，求同存异，择优去劣，形成共识，从而达到提高执行力的最终目的。

(2) 加强跨部门、跨层级沟通。对于企业内部沟通还表现在同级各部门之间的沟通。同级跨部门之间的沟通所牵引出的团结协作问题，可通过提高团队精神、实现信息共享的方式来得以解决。对于跨层级沟通模式，企业应积极营造一个开放的沟通环境，任何一个员工都可以通过合理化的方式，向想给到意见的人提出合理化建议。员工也可随时与企业人力资源部沟通，了解他们所关心的问题并寻求帮助。

(3) 建立沟通反馈制度。当一项决策开始执行后，企业管理者要定期对执行情况进行督促检查，以便于及时发现并纠正执行偏差。执行人员要及时向上级反馈在决策执行过程中出现的问题，研究解决措施。一项决策执行完毕，企业管理者应当在组织专业人员对决策执行效果进行评估时，总结经验，及时告知执行人员，以便在以后的决策制订和执行时起到借鉴作用。

### (三) 风险因素规避

(1) 避免人格魅力滥用。在职场沟通中，人格魅力的滥用容易体现为亲疏关系做主、情绪好坏做主、交情深浅做主等情况。在这些情况下，个人情感的不稳定性、认知的局限性和信息接收的狭窄性极易造成对规则制度的漠视、对能力水准的忽视，致使沟通不能达到完全的客观与公正。沟通者应避免个人情感上的偏重，达到沟通中的平衡性，追求客观公正的交流。沟通双方对于对方人格的判断应建立在自己的认知基础上，而不是听信别人的评价；即使有偏见，为了沟通的高效性，在沟通中也要保持中立的态度，认真接收对方想表达的思想、情感、内容。一旦双方意见不一致，一方情绪超过自己控制时，沟通可以暂停，等待双方情绪稳定后再继续沟通。

(2) 减少负面心理叠加。根据美国心理学家韦恩·瓦伊(Wayne Viney)和布雷特·金(D. Brett King)的观点，一般来说，职场团队沟通中的负面情绪包括猜疑心理、自卑心理、排他心理、互利心理、逆反心理、嫉妒心理、自私心理、冷漠心理、自傲心理、作秀心理。以上的一种或几种负面心理，通常因由沟通者个人喜好或偏见表征出来，并最终导致沟通上的偏差甚至是沟通的失败。提高沟通的效能，沟通者一是要有一个自我认知的过程，二是尽量减少这些负面心理叠加。产生负面心理之后，沟通者应仔细体会和思考负面情绪的相关情况、原因、解决方法等，从而采取行动进行调节。

# 第三节　　经管类专业实习劳动实践中的团队建设

## 一、团队内涵

### (一) 团队概念

团队是由员工和管理层组成的一个共同体，能够合理利用每一个成员的知识和技能协同工作，解决问题，进而达到共同的目标。为了实现共同的目标，团队往往是个性特质不同、专业背景不同、知识经验互补的人员的组合，这就意味着团队在某种程度上是一种差异的组合。唯有把差异转化为协同作战的生产力，团队才具有战斗力。以创业型团队为例，从 20 世纪 80 年代末期开始，创业团队的成功带来的巨大经济效益引发了广泛的社会影响，引起了学者们对创业团队研究的兴趣。研究发现，异质性团队所产生的成果更胜于同构型的团队。研究强调"冲突能否改进绩效，在很大程度上取决于创业团队对于分歧或差异的管理能力"。对"团队"曾有一句经典的概括就是"团队是由一群有缺点的人构成，但使用的是每个人的优点"。所以，需要建设性地利用团队成员之间的差异，让每一个人都能发挥所长，彰显自身的价值。人的最高需求是精神层面的，每个人都希望自己在他人眼里是有价值的，这种内在需求支撑着每个人的职业发展，而每个人所在的岗位就是个体价值的实现点，所以，发挥每个人的价值是团队成员的需求，也是团队建设的根本目标，更是企业发展的原动力。

"只有在人群中间，才能认识自我"。这个德国谚语告诉我们，认识自我的另一面镜子在于和他人的协作。每个人都需要在与团队相处的"磕磕碰碰"中修正自己，这其实是完善自我最重要的途径。所以，作为团队的一分子，我们要积极融入团队，相互学习，取长补短，共同进步，持续完善自我，提高自己的知识、经验、能力水平，形成良好的职业价值观及道德素养等。

总之，人与人之间的差异是客观存在的。正是这些差异，让我们的生活、工作变得丰富多彩，让我们产生了启发智慧的火花，让我们达成了精诚协作的默契。所以，我们更应该学会创造性地利用人与人之间的这种差异，发挥差异优势，增进沟通，促进协作，营造和谐高效的工作氛围。

### (二) 团队价值

#### 1. 团队给予安全感和归属感

团队会让我们感到更强大，更自信，可以减轻"孤立无援"时的不安全感，也多了一份对外来威胁的抵抗力，进而能使我们得到安全感和归属感。

#### 2. 团队提供指导和支持

每个人都有自己的优点，同时，也有着自身的不足，虽说勤能补拙，然而，要求每个人都做到这一点，却不是那么容易的事情。团队中人才多，且团队一般都会安排以老带新，优秀团队更是有新员工培训计划，对新员工在日常工作、经验传授等方面进行全方位的培训，新员工在各方面获得指导、支持，进步就更快。

#### 3. 团队实现个人价值的最大化

团队成就个体。在这个世界上，任何一个人的力量都是渺小的。想成为卓越的人，仅凭自己的孤军奋战，单打独斗，是不可能成大气候的。你必须借助团队的力量。只有与团队一起奋斗，充分发挥出个人的作用，你才能实现个人价值的最大化，你才能成就自己的卓越。

#### 4. 团队实现个人力量的最大化

个体组成团队。俗话说:"三个臭皮匠,赛过诸葛亮""人多力量大""一根筷子容易弯,十根筷子折不断"。这就是团队力量的直观表现。在一个团队里,如果每个人都能够充分发挥自己的优势,那么这个团队将是无比强大的。

## 二、专业课程中的团队构建

### (一) 重视学生团队构建中领导者的选择

为了在教学中构建好的学生团队,首先要重视学生团队中领导者的选拔和培养,这也是实验实训课程中学生团队构建最重要的部分,是影响学生团队学习行为和学习效能的最重要因素。

在实验实训课程中学习行为和学习效能较好的学生团队,都拥有一位优秀的学生团队领导,该学生团队领导能够组建高效的团队,即选择合适的团队成员,并能够合理配置,而不以私人感情作为选拔成员标准。他能够带领团队在实践实验过程中,做到团队自我管理,包括带领团队明确团队目标、清晰职责及任务,体现出较好的学生团队学习行为,能够在实验过程中做到寻求反馈、寻求帮助、讨论失误、敢于尝试和反思经验。但是,在学校中的学生大多都没有团队管理经验,所谓的管理知识也仅仅停留在理论层面,所以,学生团队在构建中团队领导者的选拔和培养离不开课程的指导教师。虽然在经管类实验课程中教师的地位从"主导"变成"辅导",但是教师在学生团队构建及管理中,对学生给予一定指导与帮助,能够使学生团队获得好的效能,并能提高学生团队领导的团队管理能力。

### (二) 教师指导学生团队的组织管理

在学生团队构建过程中加强团队的组织管理也非常重要,有一个好的团队领导,却没有一个好的团队,就是浪费资源。学生都认为团队的组织管理过程是非常重要的,但是,在实际学生团队构建过程中,很多学生团队却忽视了这个因素,主要表现在团队构建的选择过于简单;团队构建更加注重私人感情,基本上是选择关系较好的同学组建团队;学生团队领导者根据团队成员所学专业和成员意愿来安排职位,以及根据老师的硬性规定人数分配成员的职位;而学生团队成员更多看中团队氛围,即认为在团队中得到愉悦感更重要。团队目标的制定能力对学生团队领导者及团队成员来说都是欠缺的,团队目标制定比较短浅,也没有具体的目标实施计划。团队沟通也是团队组织中重要的一部分,但是大部分学生认为自身的沟通能力有待加强,而且都认为团队领导者是团队成员沟通的桥梁,如果团队领导者的沟通工作做不好,队员的能力再强也发挥不了作用。

所以，在课程中指导教师应该在学生构建团队的时候，给予一定的团队组织指导意见，让学生明白团队组织管理的重要性，应构建一个有共同的经营理念，明确团队目标、团队个人职责和任务，加强团队间合作，注重发挥成员的特长，合理搭配团队成员，重视团队成员间沟通的学生团队。

### (三) 教师指导学生熟悉及构建外部环境

团队环境也是影响团队构建的一个因素，学生需要构建熟悉、和谐的团队环境，并配备充足的人力资源和物质资源。但是，在经管类实验实训课程中，实验的规则以及环境、团队人员数量、资源的配置都是固定的，是不能改变的，学生无法利用或创造更好的团队物质环境，只能在构建团队人员的时候拥有更多选择权。在经管类实验实训课程中学生团队无法改变团队的环境，但是这些外部环境会影响到实验过程，因此，学生团队构建时应充分了解实验的要求及内容，熟悉及利用外部环境，如熟悉实验的规则以及规律，在有限的外部环境和条件下组建团队，合理安排职位，制定团队目标等。

### (四) 教师适当增加团队监督管理机制

团队监督也是团队构建中必不可少的因素。大部分的学生团队在构建的时候都没有制定相关的团队监督管理机制，主要原因是团队领导者认为自己虽然是团队的领导者，但是在过程中并没有过多权限去制定相关的惩罚机制、激励机制和监督检查机制，无法切实做到对团队成员的惩罚、奖励及监督；而团队成员认为团队监督管理机制是对他们的限制，所以，也不会在团队构建的时候提出建立相关监督管理机制。无规矩不成方圆，没有监督管理机制的团队很容易出现"搭便车"的团队成员，即共享其他成员的努力结果，而努力工作的成员又没有其他的奖励，所以造成团队成员间的矛盾和冲突。所以，在课程中学生团队监督管理机制的设立是对团队构建的保障，正确的监督管理机制能约束和激励团队的每个人，让每个人心里都有一套规范的监督标准；激励机制也能够鼓励团队成员的积极性，有助于学生团队的构建及成长。课程中指导教师应该下放更多的权力给学生团队领导者或其他监督者，如授予团队领导者给团队成员打分的权力，或由其他学生承担监督管理部门工作，对每个学生团队进行考核评价监督，这样才能保证监督管理机制的制定及执行。

## 三、职场中的团队融入

走出校园步入职场，同学们都希望能快速融入团队中。只有在团队和大家的支持帮助下，新人才能尽快取得业绩并获得大家的认可。

**【案例一】**

大学生小王刚毕业就加入到某公司一销售团队。小王入职的第一周内完全就像只无头苍蝇，糊里糊涂找不到北。虽然经过入职培训，可小王在面对客户时仍不知道从何下手。小王与团队中的同事接触得很少，总是独来独往。慢慢地，同事们都开始刻意疏远小王，他感觉自己被孤立了。于是小王找到了领导，诉苦自己快干不下去了。

**【案例分析】**

刚毕业的大学生，可以说就是一张白纸，对职场充满了好奇，有强烈的学习愿望以及想表现欲望。他们的缺点就是社会经验为零，人际沟通被动，承受能力差等。面对这样的新人，如果全指望他自己融入团队，这几乎是不可能完成的任务。因此，团队的领导应从以下几个方面来帮助小王：

新人辅导：团队领导在与小王的沟通过程中，应该向其强调会遇到哪些问题，比如如何和同事沟通，如何尊重别人，如何处理矛盾等，这样可以让新人具有一定心理上的安全感，遇事就不会手足无措了。

安排导师：小王几乎就是一张白纸，特别是在销售团队中，他的专业技能和职业意识都还远远不够，团队领导应从老员工中挑选一名导师引他入门，起到传、帮、带的作用。

监督跟进：对于小王在工作上的表现，团队领导应及时监督跟进，对于小王的进步给予肯定，对于他的错误要及时纠正，让小王感到团队对他的关怀。

**【案例二】**

饰品店近期加入了一名新店员小林。小林之前在同行业工作了四年，因为觉得有新的发展和晋升机会，所以跳槽到了这里。小林在业务能力方面，上手速度非常快，到店的第一周就成了主力销售队员。但问题也出现了，小林因为在以前那家店待的时间比较长，所以很多思维与行为方式都套用原先那家店的风格。像迎宾语，小林就喜欢用以前店的方式说："Hello，亲爱的，看些什么？"店长提醒小林要改口，可小林说这是国际范儿，大牌都这么做。

小林总是说，我们以前那家店怎么样，听得其他同事都有些不耐烦了。某日，一位老店员听不下去了，直接对小林说："小林，以前那家店那么好，你走什么呀？你就该回去接着做呀！"小林当时就来气了，找到店长一番理论，非说老店员不尊重她。

**【案例分析】**

有过工作经验的员工优点是掌握工作快、行动能力强、自控能力与规范性强，能很快进入工作状态并产生绩效。然而，突出的问题包括：难以接受新鲜事物，对新组织会有固有的看法，遇到问题可能会固执己见。面对这样的新人，团队的领导要做些什么？

积极沟通：领导在小林上岗前如果能预见到会出现这样的问题，就要事先与小林进行沟通，以化解可能出现的矛盾。领导要先将新团队的特点、氛围客观地告诉小林，并为小林分析每一位团队成员分别有什么个性特点、扮演什么角色等，让小林心中有数。

融入是一种双方的相互认可、相互接纳，并形成行为方式上的互补互动性和协调一致性。自制力强、感悟力好的人，融入得自然和谐、顺乎情理，被群体接受的程度就高，因此就可能获得更多的发展条件和机遇。作为具有独立个性的人，在团队这个大家庭里必须融入群体，才能促进自身发展。

## 四、企业团队的教育管理对策

### 1. 优化教育管理思路

教育管理工作的高效落实对推动新员工有效融入企业团队起到积极作用，企业党政领导部门要充分认识到新员工教育管理工作的重要作用，转变传统的教育思路，充分结合企业发展形势，发挥党建工作优势，对教育管理工作进行科学优化，有效提升教育质量和管理水平，在进行高效的岗位能力培训的同时，科学融入思想教育，推动新员工思想水平的提升，引导其形成对企业文化的高度认同，实现对企业团体的科学融入，促进新员工价值的高效实现。基层党组织要充分发挥思想教育优势，加强与新员工的沟通交流，及时掌握其思想动态和需求，对教育管理工作进行针对性的部署，推动教育效果的提升。

### 2. 完善教育管理制度

完善的管理制度是保障新员工教育管理工作高效推进的基础保障，而随着新员工思想意识的变化和企业改革的不断深化，传统的管理机制已经不能适应新员工的成长需求，管理部门要提升主动意识，充分结合企业发展需求和新员工实际思想情况，对管理制度进行科学优化，实现对教育管理工作的科学规范，推动新员工培训教育工作的规范化开展。要完善评价机制，对教育管理工作成效形成准确的评价，将新员工的思想水平和道德修养作为重要的评价内容，推动思想教育的高效渗透，为新员工的科学发展提供有效支持。要完善监管机制，对教育管理工作中存在的问题做到及时发现和解决，对相关管理制度进行科学优化，对相关的培训教育工作进行及时跟进，从而有效提升教育管理水平。

### 3. 推动党建与新员工教育管理的科学融合

党建工作与新员工教育管理的科学融合，能够充分发挥基层党建优势，推动新员工思想水平的提升。在教育培训工作中，基层党支部要提升重视程度，充分发挥自身政治优势和领导作用，积极开展与新员工座谈交流会、谈心谈话等调研活动，结合新员工的教育培训和岗位工作实际，积极收集相关资料，并与部门领导进行交流，有效掌握新员工的思想动态，增强谈心谈话的针对性和实效性。在思想教育过程中，要切实关心新员工的工作生活，引导其树立正确的价值观念，强化主人翁意识，引导其将在工作、生活中遇到的问题进行及时的反馈，党支部要积极收集意见建议，对新员工遇到的困难进行及时的帮助，有效提升归属感。要加强硬件设施建设，为新员工提供良好的培训和生活环境，有效激发其工作积极性。

### 4. 创新教育管理形式

岗位培训是新员工融入企业团体的重要形式，在培训过程中要转变传统的以集体学习和岗位实践为主的培训模式，提升创新意识，结合企业发展需求和岗位工作情况，对培训形式进行科学创新，积极开展"师带徒"活动，按照新员工的岗位分配情况，在相应的部门挑选师傅，并在人力资源管理部门的指导下，师徒双方签订"师带徒协议书"，有效提升师傅的积极性。要完善师带徒考核机制，制定相应的阶段考核标准，形成对徒弟能力水平和工作能力的有效掌握。同时，要构建高效的沟通交流平台，引导新员工与老员工进行积极的互动，对徒弟形成有效的督促作用，使新员工能够通过师傅的言传身教，提升自身素质能力，并对岗位工作形成正确的认识，快速完成角色转换。

## 五、劳动教育对大学生团队精神的培养

目前，大学生的主体是"00 后"，劳动教育在学校、家庭和社会中常常被轻视，而劳动教育具有树德、增智、强体、育美的综合育人价值，既培养了大学生的责任心，又提高了团队协作能力。团队协作能力是大学生适应新时代工作场景的重要素养。大学生通过团队合作，一方面，能掌握组建团队、分解任务、合理分工、沟通协调等重要技能；另一方面，能在合作过程中形成和谐的人际关系。劳动是帮助大学生参与团队生活、提升沟通和协调能力的重要实践方式。为此，高校要开展丰富多彩的劳动实践活动，以促进和提高当代大学生的团队合作意识。在具体的劳动教育实施过程中需要注意以下几个问题。

首先，劳动教育要为培养大学生的团结协作精神提供合适的生长"土壤"。团结协作精神获得生长的"土壤"是指大学生内心对劳动团队的认同和参与劳动协作的积极性。因此，学校在开展劳动教育时，要进行充分的理论阐释，使大学生深刻感知劳动是推动人类社会进步的根本力量，实现美好生活、个人梦想、中国梦都要靠辛勤的劳动来创造，进而激发其共同劳动和协作劳动的热情，自觉做到辛勤劳动、诚实劳动、创造性劳动。

其次，劳动教育的开展必须注重科学性和针对性。学校要科学设计劳动项目，开展劳动实践活动，配以专业指导人员，突出团队精神培养的目的性。通过合理分解劳动实践任务和就业与保障任务，引导参与实践的大学生自主思考自身在团队中的角色和任务，确定每一位成员的初步角色。

最后，劳动教育要注重教育质量和团队协作效果评价。学校应通过制度和机制建设有效管理和考核大学生劳动的实践过程。教育者要善于发现每名学生的潜力和特点，引

导其自主调整角色分工，最大限度地发挥团队成员的能力；鼓励大学生加强同其他成员的交流与合作，自主协调矛盾，解决团队劳动实践过程中出现的意见不同、分工不公、责任不明等问题，帮助大学生形成互帮互助、精诚协作、甘于奉献的团队精神。这种团队劳动实践为大学生成长提供了一个真实的合作团队，也为其走向正式的工作岗位奠定了坚实的基础。

## 活 动 与 训 练

活动主题：模拟面试沟通

活动形式：角色扮演

活动要求：教学班分小组，就毕业生在求职面试时可能遇到的各种问题和情况进行角色扮演预演，以锻炼学生的沟通交际能力和团队协作能力。

## 课 后 反 思

1. 结合创新创业教育背景，谈谈如何提高经管类大学生的团队协作能力。
2. 讨论影响团队沟通效果最重要的因素。
3. 引导学生讨论线上线下沟通效率的差异。

## 补充阅读材料

### 基于大学生创新创业训练项目的自主学习探索
#### ——以"饮用水除氟"项目为例

一、"大创计划"项目简介

"饮用水除氟"项目组共 5 名学生和 1 名指导教师，以 2015 年江苏省重点研究计划"基于饮水安全保障的共性及高氟问题的关键技术应用研究及推广"的子课题为研究内容。我们针对饮用水中氟含量超标的问题，创新性地使用了原位除氟法，先将钙盐、磷盐和饮用水中的氟离子反应生成新的化合物，再利用超滤膜优良的过滤性能除去生成物沉淀及其他大颗粒物质。根据分析原位除氟法的表征结果，我们进一步调整了除氟系统中影响除氟效率的因素(温度、流速、PH 等)，最终得到了符合国家质检标准的饮用水。本项目属于水处理领域。根据世界卫生组织(WHO)的建议，氟离子浓度超过 1.5 mg/L 的水不适合作为人类饮用水，此类水被称为高氟水。而我国规定的饮用水中氟离子浓度必须小于 1.0 mg/L，低于 WTO 建议的人体可接受的最高氟离子浓度。

我国属于世界上饮用水型氟中毒最为严重的国家之一，除上海市以外，高氟水区域遍布我国其他各省、自治区和直辖市，受危害人口近 1.3 亿，每年约有 2000 多万人因饮用高氟水而患病。因此，我国的饮用水氟含量超标已成为社会上一个极具挑战且亟待解决的问题。对人体而言，适量摄入氟离子可以有效防止龋齿，是一种非常有益的行为，但长期饮用氟含量超标的饮用水则会引起软骨细胞坏死、氟斑牙，甚至导致氟骨症。不论是对人体健康安全还是对社会经济的长期发展来说，这都将产生一定程度的负面影响。

现阶段，对于饮用水除氟，国内外常用的方法大致分为化学除氟与物理除氟两种类型，主要包括吸附法、离子交换法、混凝沉淀法、电化学吸附法、膜分离法等。我们通过查阅相关专业文献，对以上几种主流方法的除氟效果、运行成本、再生过程的难易程度等方面进行了对比分析，归纳出了每种方法的优势及局限性。如吸附法除氟以其所需设备使用简单、运行成本低等优势，在饮用水除氟领域具有广阔的应用前景，但设备投资高、吸附材料研发成本高、周期长、吸附材料难再生或再生效果不佳等因素又限制了此法的推广和发展。

因此，开发一种既能克服传统除氟方法的缺点、又能全面改善饮用水质的新型除氟技术成为一个亟待解决的问题。

二、收获与提高

自 2018 年成功申报"大创计划"项目以来，我们开始了为期一年的科研工作。在此期间，我们获得了各方面能力的提升。

（一）理论知识与实践能力

"大创计划"项目的实施要求项目成员要有一定的理论知识和实践能力，以保证项目正常推进。但作为项目成员的学生在项目开展之前只学习过部分理论知识，并且知识相对离散、不系统，在项目实施过程中不能与工程实践、实际需求相结合。由于没有系统地学习结晶化学、仪器分析、化工原理等与项目内容相关的课程，我们从基础知识着手，通过查阅相关书籍、检索相关文献，总结所需知识，进行深入学习。在几个月的不懈努力下，我们克服了理论知识不足导致的项目难以高效、快速开展的困难，掌握了几种水处理(除氟)的常用方法，同时也对项目的关键点和当前国内饮用水除氟现状有了新的认识和理解。

我们还通过了解和使用实验室中先进的分析设备，将理论知识和实践技能有机结合起来。在实施"大创计划"项目过程中，无论是前期的实验准备工作、中期的实验操作过程，还是后期的数据处理和总结报告工作，都极大地锻炼了我们的实践能力，培养了我们的科研思维。以理论分析为基础、实践操作为验证手段完成"大创计划"项目的过程，既丰富了我们的理论知识，也增强了我们的实践能力。

（二）科学探索精神

"大创计划"项目作为一个创新性科研项目，需要参与人有大胆创新、小心求证的科学探索精神，并积极投身科研。在课程学习中，大学生接触到的多是实际研究中的理论原理，并没有较多机会参与实践，因此对理论原理的理解不足，容易忽略其中的限定条件，不能做到灵活处理、优化创新。在遇到实验设备不合理的情况时，大家更多地去考虑如何使其继续使用，而较少考虑如何改变这种不合理的设计。"大创计划"提供了一个很好的科研机会，让本科低年级学生提前接触学科前沿领域，从而对自己所在的专业有了更加理性的认识。同时，克服困难的过程也磨砺了我们的意志，培养了我们大胆创新、小心求证的科学探索精神，提升了我们的科研水平和专业素质。

（三）团结协作能力

"大创计划"作为一个团队项目，需要参与成员的相互协助才能取得成功。在团队口，每位成员在自己擅长的领域发挥作用，同时与他人合作，实现项目工作的正常推进。这就要求参与人有兼顾全局的能力和团队协作能力。在项目进行过程中，我们会定期召开组会，了解他人的工作进度及遇到的问题，并通过集体讨论或者向导师请教，制定解决方案。

（四）沟通表达能力

"大创计划"作为申请性项目，申报人需具有较好的沟通表达能力，以便更好地展示自己的项目和科研成果。在项目实施过程中，我们经常需要主动与他人沟通交流，并通过书写相关申报书和总结报告展示自己的成果，这些都需要一定的沟通表达能力。在经历近一年的多次答辩和项目总结后，大家的沟通表达能力都有了较大的提升，在与他人沟通交流和撰写报告、论文方面有了较大的进步。在这个竞争日益激烈的社会，具有良好的沟通表达能力有助于更好地展示自己，让自己脱颖而出。借助"大创计划"项目平台，大学生可以在实践中锻炼自己，通过不断地思考、练习，逐步提高自己的沟通表达能力。

# 第十单元

# 新时代大学生劳动素养的评价

**【周恩来总理说劳动】**

"梦想赤色的旗儿飞扬，却不用血来染他，天下哪有这类便宜的事？坐着谈，何如起来行！"

—— 《周恩来早期文集》下卷，中央文献出版社、南开大学出版社，1998 年版第 454 页。

## 学习指南

本章介绍了新时代大学生劳动教育素养的基本内涵、学者研究的前沿理论以及如何构建大学生劳动素养评价指标体系。

## 课程标准

| 考核标准点 | 具 体 内 容 |
|---|---|
| 知识 | 1. 新时代大学生劳动素养的基本内涵等<br>2. 理解新时代大学生劳动素养评价的国内外研究状况<br>3. 掌握新时代大学生劳动素养评价指标体系构成 |
| 技能 | 1. 能够掌握大学生劳动素养的内涵构成<br>2. 能够对比分析国内外劳动素养的区别<br>3. 能够应用该指标体系开展调查研究 |
| 态度 | 1. 树立正确的劳动质量意识<br>2. 提升对劳动价值的认识 |

## 导入案例

### 中国矿业大学(北京)完善学生劳动素养评价机制

该校开展劳动教育过程监测与纪实评价，将劳动素养纳入学生综合素质评价体系，把劳动素养评价结果作为衡量学生全面发展情况的重要内容，建立劳动教育档案公示、审核制度，作为评优评先的重要参考。如实记录学生劳动教育活动情况，遴选具有代表性的重要活动记录、典型事实材料以及其他有关资料，汇总归档进行过程性评价。以学生的自我评价报告、劳动教育总结报告为主，根据用人单位反馈、社会实践表现评价等他人评价为辅，以学生的物化成果为参考，对学生的劳动观念、劳动能力进行总结性评价，认定劳动教育实践学分。

# 第一节　新时代大学生劳动素养评价的理论基础

劳动素养是劳动教育的核心目标，构建大学生劳动素养评价体系，能够有效提升劳动教育的效果。大学生的劳动素养关系到大学生走向社会、参加工作等各个方面，因此，大学生劳动素养应该得到重视。科学评价能够真实地反映出大学生劳动素养的水平。

教育评价事关教育的发展方向，有什么样的评价指挥棒，就有什么样的办学导向。在《深化新时代教育评价改革总体方案》中强调："加强劳动教育评价，根据大中小学劳动教育指导纲要来明确不同学段、不同年级劳动教育的目标要求，进行准确评价。"大学生劳动素养的有效评价能够完善立德树人体制机制，推动劳动教育的进展，提高教育治理能力和水平，更有利于加快推进教育现代化，建设教育强国，办好人民满意的教育。

以中国知网(CNKI)为检索平台，分别以"大学生劳动素养"和"大学生+劳动素养"为主题词进行检索，检索期刊 76 篇，硕博士论文 48 篇，去掉重复文献和会议摘要、国际会议征稿、表彰名单、期刊简介等，选取有效文献 56 篇，硕博士论文 25 篇，共 81 篇，并对检索到的期刊和硕博士论文进行 CiteSpace 可视化分析和研读，具体内容概括如下。

## 一、大学生劳动素养的评价方法

有效评价大学生的劳动素养是检验劳动教育效果的有效途径，也是培养大学生核心素养的重要环节。完备的测评体系能够客观地、科学地调查大学生劳动素养的现状与水平。当前，教育的评价主要分为量化的测评和质性分析两种方法，主要以量化的测评为主。量化测评主要是指将模糊的指标利用数据进行表示，从而达到分析比较的目的。在目前的研究中，对大学生劳动素养的测评主要采取自编问卷、抽样调查、利用 SPSS 等软件对问卷数据进行分析，提出对策。

## 二、大学生劳动素养评价指标体系的构建

结合检索的有效文献，依据 CiteSpace 进行分析，提取大学生劳动素养的评价指标，再对文献进行精读，将评价指标进行汇总，具体如表 10-1 所示。

表 10-1　大学生劳动素养评价指标

| 序号 | 作者 | 时间 | 单位 | 评 价 指 标 |
|---|---|---|---|---|
| 1 | 王子萱 | 2021.08 | 湖南科技大学 | 劳动观念、劳动能力、劳动精神、劳动习惯和品质 |
| 2 | 王正青、刘涛、杜娇阳等 | 2021.06 | 西南大学 | 劳动价值观、劳动知识、劳动技能、劳动创新 |
| 3 | 钟苗、王俊梅、徐亚幸 | 2021.05 | 广东第二师范学院生物学院 | 劳动价值观、遵守纪律、劳动能力、积极劳动、珍惜时间、善于节约与爱护卫生、融入集体 |
| 4 | 崔杨、张义喜 | 2021.01 | 宁波卫生职业技术学院 | 劳动价值观、劳动品德、劳动能力、劳动法律与经济、劳动态度 |
| 5 | 张志坚、王炜 | 2020.01 | 陕西职业工程学院 | 劳动认知、劳动态度、劳动能力、劳动品质 |
| 6 | 邵长威 | 2019.08 | 北京师范大学 | 劳动意识、劳动精神、劳动实践、劳动能力、劳动创新 |
| 7 | 党刘栓 | 2019.05 | 西南石油大学 | 劳动习惯、劳动精神、劳动意识、劳动态度、劳动技能 |
| 8 | 曲霞、刘向兵 | 2019.02 | 中国劳动关系学院 | 劳动价值观、劳动情感态度、劳动品德、劳动习惯和劳动知识技能 |
| 9 | 马志霞、黄朝霞 | 2021.10 | 云南大学 | 劳动价值观、劳动精神、劳动意识、创造劳动、劳动习惯、劳动品格 |
| 10 | 蔡瑞林、宋君、常劳 | 2021.11 | 常熟理工学院 | 劳动能力、劳动观念、劳动精神、劳动习惯、劳动价值取向、劳动技能 |

续表

| 序号 | 作者 | 时间 | 单位 | 评价指标 |
|---|---|---|---|---|
| 11 | 顾建军 | 2021.04 | 南京师范大学 | 劳动观念、劳动能力、劳动习惯和品质、劳动精神 |
| 12 | 张进财、高芳芳 | 2021.10 | 北京大学马克思主义学院 | 劳动观念、劳动精神、劳动知识、劳动技能、劳动习惯 |
| 13 | 温晓年、唐志风、梁淑锰 | 2022.01 | 广州医科大学生物工程学院 | 劳动意识、劳动知识、劳动能力、劳动习惯与品质、劳动精神 |
| 14 | 孙悦 | 2021.06 | 辽宁师范大学硕士学位论文 | 劳动意识、劳动价值观、劳动知识和技能 |
| 15 | 卢心悦 | 2020.05 | 华东师范大学硕士学位论文 | 劳动价值、劳动精神、劳动态度、劳动品质 |

从以上 15 篇研究成果中可以看出，不同学者提出的大学生劳动素养评价指标体系不尽相同，但也能从中提取出共同的评价指标。文献中大多都围绕着劳动观念、劳动能力、劳动精神、劳动习惯、劳动品质等五个指标，少部分文章在此基础上添加了创新劳动、劳动法律与经济、劳动态度等指标。

崔杨、张志坚、党刘栓和卢心悦在其体系中加入了劳动态度。有了良好的劳动态度才能指导积极的劳动行为，大学生对于劳动的态度能够反映其劳动的素养。高文阁认为："劳动态度是指人们从事劳动的动机及其在劳动中的行为价值，是人们对劳动的认识和以此为指导所采取的行动"，故在劳动态度中就包含了劳动认知。张志坚的体系中将劳动态度和劳动认知都作为一级指标，这会导致评价的效果不理想。崔杨等人的文章中特别加入了劳动法律与经济这一项指标。大学生了解劳动法律知识，对大学生就业权益有着保障作用，确实是一项非常重要的指标。但是，劳动法律与经济方面的知识应该属于劳动知识这一项指标中，当然，劳动知识也包含劳动的专业知识和其他知识，而其体系中未将劳动知识作为一级指标，而将劳动法律与经济作为一级指标，这同样也会使评价的效果不理想。上述文章的评价指标都出现了相互包含和层次不清晰等问题，这会使评价出现偏差，导致评价结果不准确。

王正青、邵长威、马志霞等人所构建的体系中将劳动创新、创造劳动加入到体系当中。劳动创新就是指创造性劳动。在这个信息技术日益丰富的时代，人们通过体力和脑力的劳动对技术、知识、思维等进行革新，有目的地进行劳动创新，这正是信息时代所需要的。《大中小学劳动教育指导纲要》中也同样强调"普通高校要培育学生创造性劳动的能力和诚实守信的劳动意识"，故劳动创新(创造性劳动)作为评价大学生劳动素养的一个指标是非常必要的。但是，在大部分学者的研究中未将劳动创新作为一级指标，也未在指标中包含劳动创新，这就出现了评价指标缺失的现象。王子萱、顾建军、卢心悦的评价指标体系中未包含劳动知识。劳动知识是提升大学生劳动素养的基础。孙悦在其硕士论文中构建了评价大学生劳动素养的指标体系，在其体系中未将劳动精神纳入到一级指标。崇尚劳动、热爱劳动、辛勤劳动、诚实劳动的劳动精神已经成为民族精神和时代精神的重要组成部分，理应成为大学生劳动素养的重要内容之一。

2020年习近平总书记在全国劳动模范和先进工作者表彰大会上着重强调："要大力弘扬劳模精神、劳动精神、工匠精神。"劳动精神是时代精神的体现，能够推动全党全国各族人民勇敢奋进，是一种强大的精神动力。培养大学生良好的劳动精神是提高大学生劳动素养的关键，也是其评价指标体系中不可或缺的一项。王正青等人的文章未包含劳动能力这一项指标。劳动能力分为两种，一种是创造性能力、另一种是是否具有劳动的能力。无论是哪一种能力，对于大学生来说都是至关重要的。

根据以上分析，发现当前的大学生劳动素养评价指标体系存在评价指标不全面、层次不清晰和指标间相互包含等问题，这会使评价结果出现偏差，无法了解真实的大学生劳动素养现状，可见，构建科学的大学生劳动素养评价指标体系是迫切之需。当前，对劳动素养的评价指标只是浅层次分析，并没有对大学生劳动素养的评价指标进行科学地选取，也没有对体系进行规范的构建。因此，为了提升大学生的劳动素养水平，需要构建科学的大学生劳动素养评价体系，结合大学生劳动素养的具体情况，依据评价结果，精准解决问题，才能有效推动劳动教育的发展。

通过对劳动教育及劳动素养的国内外相关文献的梳理与分析，我们可以知道在研究对象方面，国内外的研究主要是针对小学生这一群体进行劳动教育的研究，针对大学生这一群体的研究较少。根据高等教育与初、中等教育的性质差异性，高等教育阶段劳动教育的内容不应是简单的劳动，而是要将劳动教育内容进行升华，注重劳动观的形成与创造性劳动能力的培养，突出高等教育的独特性，与新时代高等教育人才培养的目标相统一。所以，对于大学生劳动教育、劳动素养的研究就显得尤为重要。在研究的侧重点上，当前研究倾向于宏观理论层面的探索，对劳动素养的评价方面存在很大的欠缺，并没有科学的、规范的评价指标体系对大学生劳动素养进行评价。在研究方法方面，国内外的研究中将理论模型与数学模型进行结合的文章较少，并未将各个指标进行量化处理，都是从简单的分析和生活经验的指导中得出的评价结论，因此，将理论模型与数学方法进行结合量化，对大学生劳动素养评价指标体系的构建起着非常重要的作用。

国内外对于劳动教育、劳动素养的研究已经形成了一定的研究成果，为大学生劳动素养评价指标体系的构建奠定了基础，也提供了很多有价值的资料。提升大学生的劳动素养是政策所指、学校所向、学生所需的现实需求。

# 第二节　大学生劳动素养评价体系构建的原则与依据

## 一、大学生劳动素养评价指标体系构建的原则

### (一) 科学性原则

科学性原则是指评价指标体系要建立在一定的理论基础上，遵循科学的构建方法与步骤，以科学的思想为指导。构建大学生劳动素养评价指标体系要符合国家相关政策要求和遵循人的身心发展规律，不违背相关学科的基本理论和社会发展规律。指标选取的科学性直接影响到评价指标体系的科学性，故要明确指标的科学性含义。首先，要与目标保持一致，指标是评价目标的具体化，指标的内涵要与评价指标体系的目标相一致。其次，同一指标体系中的指标要相容，不能把相互矛盾的指标放在同一系统中。最后，同一系统中指标的选取不能重复，不能出现包含或等价指标，否则会使整个体系权重失衡，导致评价的结果不准确。

### (二) 导向性原则

导向性原则是指在建立体系时要有一定的理想性和方向性，为大学生劳动素养评价提供导向。指标作为直接的评价内容，在指标的选取和体系构建时要坚持社会主义办学方向，与国家的教育目标相一致，把长远目标和近期目标统一起来，促进大目标的落实和完成。

### (三) 整体性原则

整体性原则是指评价指标体系的完备性和全面性。整体性不等于各要素性质的机械之和，而是由形成它的各要素或子系统间相互作用决定的。指标是目标的具体化，目标则存在于各个小指标的系统化中，因此，要注重整体性原则，不能遗漏能够反映评价目标的指标，否则会导致评价不全面、结果不准确。

### (四) 可测性原则

可测性原则是指所评价的目标应尽可能具体，要求指标尽可能用可操作的语言描述，并通过观察或测量得到明确的结果，从而得出全面的评价结论。因此，贯彻可测性原则是指在设计指标时，应尽可能地使指标定量化，或找到定量化的途径。

**（五）可行性原则**

可行性原则是衡量评价指标体系可行性的重要依据，是影响评价指标体系实施效果的重要因素。指标体系的可行性包括以下三个方面：一是要求指标所涉及的信息易于获取；二是评价指标体系要简便易行，在设计评价指标体系时，要善于抓住影响活动的主要因素，对评价目标进行精准评价；三是在不影响评价结果的前提下，简化操作步骤，使之便于实施。

## 二、大学生劳动素养评价指标体系构建的依据

### （一）政策依据

目前，在国家层面并没有提出具体的关于大学生劳动素养的评价指标体系，但是也有相关政策性文件，可以作为当前大学生劳动素养评价指标体系的主要参照标准。

#### 1. 主要政策依据

《大中小学劳动教育指导纲要(试行)》《关于全面加强新时代大中小学劳动教育的意见》作为指标构建的主要政策依据。在《大中小学劳动教育指导纲要(试行)》中对劳动教育的性质、基本理念、目标、内容、各学段的要求、途径、关键环节和评价以及学校劳动教育如何实施和规划、条件保障与专业支持等做出了明确规定。在《关于全面加强新时代大中小学劳动教育的意见》中对加强劳动教育做出了相关规定，主要从全面构建劳动教育体系、广泛开展劳动教育实践活动、提升劳动教育支撑保障能力和加强劳动教育的组织实施等方面入手，来提升学生劳动素养，推动劳动教育发展。《大中小学劳动教育指导纲要(试行)》中明确规定了劳动教育的目标和主要内容。将树立正确劳动观念、具有完备的劳动能力、培养积极的劳动精神和养成良好的劳动习惯和品质作为劳动教育的主要目标，全面提升学生的劳动素养。该目标为评价指标体系的构建提供了基础和方向。《关于全面加强新时代大中小学劳动教育的意见》中指出劳动教育是新时代党对教育事业的新要求，直接决定社会主义建设者和接班人的精神面貌，能够促进德育、智育、体育、美育的培养。文件还指出要健全劳动素养评价制度，将劳动素养纳入学生综合素质评价指标体系，将其评价结果作为衡量学生全面发展的重要内容。

上述政策文件对劳动素养评价指标体系的建立有着指导性作用，也较为细致地指出了对劳动素养评价时需要注意的细节和问题，为大学生劳动素养评价指标体系的构建提供了依据和方向。

#### 2. 其他政策依据

2020年2月，中共中央、国务院办公厅印发的《关于深化新时代教育督导体制机制改

革的意见》中指出，完善政府履行教育职责评价指标体系，定期开展督导评价工作。2020年10月，中共中央、国务院印发的《深化新时代教育评价改革总体方案》中指出，要加强劳动教育评价，实施大中小学劳动教育指导纲要，明确不同学段、不同年级劳动教育的目标要求，引导学生崇尚劳动、尊重劳动；明确学生参加劳动的具体内容和要求，特别是加强过程性评价，将参与劳动教育课程学习和实践情况纳入学生综合素质档案。这些政策文件都为大学生劳动素养评价指标体系的构建提供了可靠的依据。

### (二) 理论依据

#### 1. 系统评价理论

系统评价理论的基本思想就是将任何事物和问题都当作一个系统来处理。该理论认为，大系统由许多子系统组成，而每个子系统则由更小的子系统组成。通过对系统之间和系统内部的分析，使得纷扰复杂的问题层次化、简单化，从而达到解决问题的目的。大学生劳动素养评价指标体系以系统评价理论作为理论支撑，运用系统化、体系化的思维方式，科学全面地构建评价指标，并通过德尔菲法、层次分析法等保证评价指标体系的系统性和科学性。

#### 2. 素质冰山理论

1973年美国著名心理学家麦克利兰提出了著名的"素质冰山模型"，又叫"冰山模型"。该理论认为个体的素质就像水中漂浮的一座冰山，水上的能看见部分是表现出来的，水下隐藏的部分是需要深度挖掘的。其中，在大学生劳动素养的评价中，大学生的劳动知识与技能就属于水面以上的外在表现，大学生的劳动态度、劳动价值观、劳动认知等属于水面以下的内在表现，这种表现不容易被测量，也不容易被外界影响而改变。在冰山模型中，最容易被忽视的是水面以下的内在指标，例如在大学生劳动素养评价中的劳动态度、创新能力、劳动动机等。依据"素质冰山模型"，知识与技能是看得见的外在特征，而角色定位、自我认知、动机、价值观等是看不见的内在特征，二者相辅相成，缺一不可，都是评价大学生劳动素养的重要指标。

### (三) 现实依据

随着社会的进步和生产生活的变革，劳动教育的内容、方法也随之变化，从茅草屋到高楼大厦、从书信到互联网科技、从徒步到高铁、再到飞机，无一不是劳动带来的变化，因此，劳动是推动社会发展的重要因素之一。大学生是国家的未来和希望，是社会主义事业的建设者和接班人，所以，培养大学生的劳动素养是现实所需。近年来，国家陆续出台有关提高大学生劳动素养的相关文件，要求大中小学重视劳动教育，增加劳动教育实践课程，建立大中小学劳动素养评价指标体系，转变传统的教学模式与观念，彻底改变"唯分数论"的现象。目前,我国教育依然存在着学生成绩优异但劳动素养较低的现象。在当下的家庭结构中,多数家庭都是祖孙三代人生活在一起,这就会产生对孩子的溺爱,形成孩子不会劳动、不愿意劳动、不让劳动的现象,成了两耳不闻窗外事、一心只读"圣贤书"的典型代表。国家倡导要培养德智体美劳全面发展的建设者和接班人,因此,补齐劳动教育的短板,形成正确的劳动观念与态度,培养劳动素养,促进大学生的全面发展已是当务之急。

## 第三节　大学生劳动素养具体评价指标的确定

依据相关文献和政策文件,大学生劳动素养评价指标的构成和内涵如下所述。

### 一、一级指标及意义

大学生劳动素养评价指标体系最终确立了 6 个一级指标,具体内容如表 10-2 所示。

表 10-2　大学生劳动素养评价指标一级指标及意义

| 一级指标 | 指 标 意 义 |
| --- | --- |
| 劳动观念 | 个体对劳动、劳动者、劳动成果所持有的看法和认同感 |
| 劳动知识 | 主要包含劳动工具的使用价值、劳动流程的陈述性操作要点以及劳动过程需要遵守的纪律准则 |
| 劳动能力与技能 | 个体劳动知识、技能在劳动实践中的综合表现,其评价考察的是个体对劳动能力和劳动技能相关内容的了解与掌握情况 |
| 劳动精神 | 个体的自觉,且以此为根据,支配、调节自己行动,克服可能遇到的困难,并最终实现目的的劳动心理过程 |
| 劳动态度 | 个人对劳动的较为稳固的、协调一致和有组织的心理倾向性 |
| 劳动习惯与品质 | 劳动习惯指通过经常性劳动实践形成的稳定的劳动行为和能力,而劳动品质则是在长期的习惯性劳动过程中养成的个人品格特征 |

### 二、二级指标及意义

大学生劳动素养评价指标体系包括 6 个一级指标:劳动观念、劳动知识、劳动能力和技能、劳动精神、劳动态度和劳动习惯与品质,二级指标及意义的具体内容如表 10-3 所示。

### 表 10-3　大学生劳动素养评价指标二级指标及意义

| 二级指标 | 指标意义 |
| --- | --- |
| A1 劳动认知 | 劳动个体通过心理活动在客观世界进行信息加工的过程,包括对劳动性质、作用的看法 |
| A2 劳动观认同 | 劳动者对马克思主义劳动观的认同,是劳动者在态度和情感上对劳动观的认同 |
| B1 生活劳动知识 | 大学生日常生活劳动的知识,如对劳动基本常识的掌握、对劳动工具的认识、对劳动步骤的了解情况 |
| B2 生产劳动知识 | 与大学生未来职业相关的专业知识 |
| B3 服务性劳动知识 | 与大学生服务性活动相关的知识,如策划活动和参与活动所需要具备的知识 |
| C1 生活劳动能力与技能 | 大学生日常生活劳动的能力与技能,如整理内务、简单烹饪、清洁电器等 |
| C2 生产劳动能力与技能 | 与大学生未来职业相关的专业能力与技能,如师范生课堂教学技能、美术生绘画技能、工科生实验技能 |
| C3 服务性劳动能力与技能 | 大学生参与服务性活动所需的能力与技能,如社区调研所需的资料采集与分析技能、担任国际展览志愿者所需的双语解说技能 |
| D1 劳动意志 | 大学生在劳动中遇到困难时的坚持程度 |
| D2 劳模精神 | 其内涵是"爱岗敬业、争创一流、艰苦奋斗、勇于创新、淡泊名利、甘于奉献" |
| D3 工匠精神 | 其内涵是"执着专注、精益求精、一丝不苟、追求卓越" |
| E1 劳动意识 | 劳动主体和劳动客体相互作用的主观反应 |
| E2 劳动情绪情感体验 | 劳动主体对劳动过程和劳动结果的情绪情感体验。例如,劳动主体在劳动过程中表现出来的喜、怒、哀、乐等 |
| E3 劳动行为倾向 | 劳动者对劳动活动所作出某种行为反应的意向,是劳动者在采取行动前的一种准备状态 |
| F1 劳动自主 | 能够保持自觉、主动参与劳动的习惯 |
| F2 劳动行为 | 劳动者为实现一定的生产或服务目标而进行的具体行动过程 |
| F3 劳动品质 | 劳动过程中养成的个人品格特征,例如,劳动者实在的、没有偷懒投机的劳动,劳动者具有诚实德行和品质的劳动 |

　　各级指标意义的确立能够为大学生劳动素养评价提供导向,使评价主体明确评价方向,为科学、合理地评价奠定了基础。

# 活 动 与 训 练

活动主题：应届大学生职业素养调查

活动形式：调查研究

活动要求：以学习小组为基本单位组建社会调查团队，找一家与所学专业有关的企事业单位，进行职业素养需求调查，了解该单位对专业人才的职业素养的基本要求，并撰写社会调查报告。

1. 了解本校对所学专业设置的专业人才培养目标。

2. 了解本专业学生的主要就业方向。

3. 选择一家与所学专业相关的正规的企事业单位，注意选择合法的正常运营的单位。

4. 经由学校教师推荐或出具介绍信，与所选单位联系职业素养需求调查事宜。

5. 确定社会调查的取样对象，注意身份和职务的多样性。

6. 撰写社会调查计划书，编制访谈提纲或调查问卷(采用本章的劳动素养评价指标体系)。

7. 利用节假日的时间前往选定单位开展访谈或社会调查，注意交通安全和人身安全。

8. 整理调查结果，从单位对专业人才职业素养的要求中提取关键词，绘制词频图。

9. 根据调查结果撰写"职业素养需求"社会调查报告，并将报告提交给所在学院。

10. 制作实践过程及结果展示材料，以网络推文形式分享实践成果和劳动心得，反思劳动经历和收获，将劳动心得和项目成果上交给劳动教育指导教师或上传至网络教学平台。

# 课 后 反 思

1. 新时代大学生劳动教育素养中有哪些指标体现了专业素养？

2. 新时代大学生劳动素养中哪些是显性内容？哪些是隐性内容？

3. 你认为大数据、云平台、物联网等现代信息技术如何辅助大学生劳动素养监测？

## 补充阅读材料

### 构建劳动教育质量监测体系

构建劳动教育质量监测体系，健全劳动素养评价制度，是提升学校、家庭、社会三位一体劳动教育质量的关键环节。构建劳动教育质量监测体系，健全劳动素养评价制度，有助于规范学校、家庭、社会的劳动教育行为，是学校、家庭、社会三位一体劳动教育的质量保障机制，也是促进劳动教育优质发展的重要动力。

构建劳动教育质量监测体系，实施劳动教育质量监测评估，必须遵循多元主体共同参与的原则。在评价主体范围上，应涵盖学校、家庭、社会三者密切联系合作的协同机制。劳动教育质量监测评估应建立沟通、对话的三方协商机制，就评估指标的制定与选取、评估过程与步骤、信息收集与分析方法、评估信息资源的共建和共享等，充分倾听和吸纳各方意见和建议，通过平等协商、共同决策，推动教育治理的民主化。

劳动教育质量评价指标体系以"劳动素养"为测评主线，制定标准，将劳动素养纳入学生综合素质评价体系，建立反馈与激励机制，突出对学生的发展价值的评价，侧重于评价学生在真实劳动情境下提出问题、分析问题、解决问题的创新精神和实践能力。劳动教育质量监测评估是基于学生劳动素养的综合测评，不仅关注结果测评，更重视多元全过程监测，是学校、家庭、社会的协同监测，关注的是学生个体的全面发展。在遵循导向性、整体性、可测性、真实性等原则基础上，科学选取劳动教育质量监测各级指标，构建监测评估的基本指标体系。劳动素养评价方式主要采用表现性评价与档案袋评价，将结果性评价与过程性评价、质性评价与量化评价有机结合，并充分利用现代信息化和智能化新技术，积极探索促进即时化评价和全时空持续跟踪评价。

总之，建立学校、家庭、社会共同参与的协同监测机制，健全劳动素养评价制度，应充分重视三方主体对学生全面发展的影响，尤其要调动家庭和社会参与劳动教育质量监测与评价的积极性，三者携手营造良好的劳动教育综合育人环境，这是我国劳动教育质量监测与评价发展的必然趋势与选择。

# 参 考 文 献

[1]　马克思. 资本论：第 1 卷[M]. 北京：人民出版社，1975.

[2]　恩格斯. 劳动在从猿到人转变过程中的作用[M]. 北京：人民出版社，1949.

[3]　顾明远. 教育大辞典：增订合编本[M]. 上海：上海教育出版社，1998.

[4]　洪霞. 当代大学生劳动教育研究[M]. 南京：南京财经大学，2016.

[5]　郭翔. 奋斗是青春最亮丽的底色：记"全国五一劳动奖章"获得者、山西建投一建集团塔吊司机吉克达富[J]. 支部建设，2019(17)：52-53.

[6]　郑程月，王帅. 建国 70 年我国劳动教育的演进脉络、时代内涵与实践路径[J].当代教育科学，2019(5)：14-18.

[7]　刘向兵，李珂，彭维锋. 深刻理解新时代加强劳动教育的重大意义与现实针对性[J]. 中国高等教育，2018(21)：4-6.

[8]　周淑芳. 新时代大学生马克思主义劳动观教育刍论[J]. 学校党建与思想教育，2019(23)：49-51.

[9]　刘向兵，等. 新时代高校劳动教育论纲[M]. 北京：社会科学文献出版社，2019.

[10]　余金成. 劳动论要[M]. 北京：光明日报出版社，2019.

[11]　赵兴龙，许林. 如何推动劳动教育转型升级[N]. 中国教育报. 2018-11-21.

[12]　邵长威. 思想政治教育视域下提升大学生劳动素养的途径探索[J]. 辽宁工业大学学报(社会科学版)，2019，21(4)：98-100，106.

[13]　周曼. 一滴的智慧[J]. 协商论坛，2008(10)：61.

[14]　檀传宝. 劳动教育的概念理解：如何认识劳动教育概念的基本内涵与基本特征，中国教育学刊，2019(2)：82-84.

[15]　欧阳询，周慧敏. 陶行知劳动教育思想探析[J]. 科教导刊(中旬刊)，2019(12)：146-147.

[16]　陆士桢，李泽轩. 论新时代中国特色志愿服务的新格局[J]. 中国青年社会科学，2019，38(5)：1-8.

[17]　陈迎红，许冬武. 服务学习融入我国大学生志愿服务的创新与发展[J]. 教育评论，2019(3)：15-18，104.

[18]　黄月. 当代大学生奉献精神的培养[J]. 经济研究导刊，2013(10)：273，283.

[19]　马克思主义基本原理概论编写组. 马克思主义基本原理概论：2013 年修订版[M]. 北京：高等教育出版社，2013.

[20]　顾明远，边守正. 陶行知选集：三卷本[M]. 北京：教育科学出版社，2011.

[21] 檀传宝. 劳动创造美好生活[M]. 北京：中国劳动社会保障出版社，2019.

[22] REARDON R C，IENZ J G，SAMPSON J P. 职业生涯发展与规划[M]. 侯志瑾，伍新春，等译. 北京：高等教育出版社，2005.

[23] LOCK R D，把握你的职业发展方向[M]. 5 版. 钟谷兰，曾垂凯，时堪，等译. 北京：中国轻工业出版社，2006.

[24] 王志杰，陈卫民. 职业素养基本训练[M]. 北京：中国劳动社会保障出版社，2015.

[25] 姚裕群. 人力资源开发与管理通论[M]. 北京：清华大学出版社，2016.

[26] 德鲁克. 德鲁克文集(第一卷)：个人的管理[M]. 沈国华，译. 上海：上海财经大出版社，2006.

[27] 克里斯坦森，雷纳. 创新者的解答：全新修订版[M]. 李瑜偲，林伟，郑欢，译. 北京：中信出版社，2013.

[28] 曹建华. 职业素质教育[M]. 北京：国防工业出版社，2015.

[29] 曹莲霞. 创新思维与创新技法新编[M]. 北京：中国经济出版社，2010.

[30] 陈宇，姚臻. 就业与创业指导[M]. 北京：外语教学与研究出版社，2014.

[31] 迟永吉，欣荣，曹喜山. 大学生职业生涯规划与发展[M]. 北京：高等教育出版社，2009.

[32] 丁霞. 职业素质教育[M]. 北京：中央广播电视大学出版社，2014.

[33] 杜永关. 核心职业素养[M]. 北京：冶金工业出版社，2017.

[34] 高桥，葛海燕. 大学生涯与职业规划[M]. 北京：清华大学出版社，2007.

[35] 郭立. 大学生自我管理能力的缺失及对策研究[J]. 河南科技学院学报，2012(11)：82-85.

[36] 金环. 职业生涯规划[M]. 北京：清华大学出版社，2013.

[37] 匡增明，殷黎丽. 大学生职业发展与就业指导实用教程[M]. 北京：化学工业出版社，2012.

[38] 李家华. 创业基础[M]. 北京：北京师范大学出版社，2013.

[39] 谢良敏. 劳动合同全程指南：劳动合同签订、履行、解除、纠纷解决操作实务详解[M]. 2 版. 北京：法律出版社，2007.

[40] 许湘岳，陈留彬. 职业素养教程[M]. 北京：人民出版社，2014.

[41] 周友秀. 谈高职院校学生职业意识的培养[J]. 教育与职业，2005，(8)：63-64.

[42] 寇满昌，冯莉，韩天阳，等. 基于大学生创新创业训练项目的自主学习探索：以"饮用水除氟"项目为例[J]. 化工高等教育，2019，36(04)：86-89.